Margit Schönberger

Wozu Männer?

Margit Schönberger

Wozu Männer?

Liebeserklärung an eine überflüssige Spezies

Droemer

Die Folie des Schutzumschlags sowie die Einschweißfolie sind
PE-Folien und biologisch abbaubar.
Dieses Buch wurde auf chlor- und säurefreiem Papier gedruckt.

Besuchen Sie uns im Internet:
www.droemer.de

Umschlaggestaltung: ZERO Werbeagentur, München
Umschlagillustration: Christin Ogger
Satz: Adobe InDesign im Verlag
Druck und Bindung: Ebner & Spiegel, Ulm
Printed in Germany
ISBN 978-3-426-27424-8

5 4 3 2 1

Was wäre, wenn es keine Männer auf der Welt gäbe?
Es gäbe keine Kriege und lauter glückliche, dicke Frauen.

1 Am Anfang war das Feuer

Der Korkenzieher ist längst erfunden. Ebenso wie der Dosenöffner. Für die Panne auf der Landstraße gibt es gelbe Engel weiblichen Geschlechts und für notwendige Reparaturen eine breite Auswahl von Telefonnummern in den Gelben Seiten. Denn Frauen sind längst hervorragende Mechanikerinnen, wissen, wie man ein Schweißgerät bedient, und ebenso, wie man ein Herz transplantiert. Sie sind mit ihrem Studium einige Semester früher fertig als ihre männlichen Konkurrenten, managen und organisieren sparsamer und effektiver als diese und denken ihre Handlungen zu Ende, bevor sie Tatsachen schaffen. Frauen machen Bodybuilding und bedienen Gabelstapler, fliegen auf den Mond und fahren Taxi. Sie studieren Physik und werden Bundeskanzlerin oder bekommen Nobelpreise. Sie wissen bis ins Kleinste, wie die Welt funktioniert und wie sie sie am Laufen halten können. Auch ohne Umweltverschmutzung, ohne Kriege und ohne Tierquälerei. Es gibt keine Tätigkeit und keinen männlichen Beruf, den nicht auch schon Frauen ausüben oder zumindest ausüben könnten, wenn es Spitz auf Knopf stünde und die Männer durch eine rätselhafte Seuche von diesem Planeten hinweggerafft würden. Sie sind in der Lage, Kinder ohne körperliche Beteiligung eines Vaters zu empfangen, bringen sie – wie schon seit Bestehen der Menschheit – alleine zur Welt und sind fähig, sie alleine großzuziehen. Sie spielen so gut Fußball, dass sie sogar Weltmeister werden, und wenn sie Lust darauf haben, steigen sie auch mal in den Boxring. Wozu also dieser ewige, nie enden wollende Stress mit den Kerlen und ihrem lädierten X-Chromosom? All dieses Gezänk, diese Argumentiererei, die diplomatischen Anstrengungen, der Lärm um so gut wie nichts, was wirklich zählt, die ständigen Diäten und das Nachdenken über Schönheit, Jugend und Älterwerden, und das mehr oder weniger ohnmächtige Zuschauenmüssen, wie die Männer den Planeten immer unbewohnbarer und ungemütlicher machen? Wozu all das? Wer so viel Ärger macht und das offenbar – wie wir alle immer wieder klagen hören – zunehmend, darf, mit Verlaub, schon einmal etwas genauer und kritischer betrachtet werden, finden Sie nicht?

Ein paar Dinge stehen sowieso einfach fest. Zum Beispiel: Männer kommen vom Mars. Sind also Marsmännchen. Nicht alle sind grün, und sicher ist auch, dass die Antennen der kleinen Kerlchen nicht richtig funktionieren. Sie senden immens verwirrendes Zeug, aber viel schlimmer noch ist: Sie können selbst nichts empfangen. Sie haben eindeutig was an den Ohren.

Diese Marsmännchen sind Schweine. Hört man von Frauen immer wieder. Und auch: Sie sind brutal. Gefühllos und feige. Aufgeblasene Angeber. Ständig auf der Suche nach Sex. Aber zugleich hie und da, und auch dort, gelegentlich schlaff. Und geldgierig. Machthungrig. Lieblos. Sprachlos sowieso. Deshalb lügen sie wie gedruckt. Sie sind grob, faul, ungeschliffen, hinterfotzig, lärmend, laut und zu nichts nütze. Sagen viele Frauen. Darum die These: Frauen allein zu Haus kommen längst auch prima ohne Männer aus.

Was aber tun, mit den Männern von der Erde? Stammen sie wirklich vom Mars und wir Frauen von der Venus? Oder stammt Adam doch – so wie Lucy (der älteste humanoide Skelettfund der Erde) – aus Afrika, wo er von den Bäumen herunterkam, als alles Obst aufgefuttert war? Und wo er beim Durchqueren der Savanne den aufrechten Gang lernte. Ein paar Evas müssen wohl auch dabei gewesen sein, denn ohne sie hätte er seinen Weg auf der Erdkugel nicht gefunden.

Ist doch heute noch so. Obwohl Männer uns Frauen gern nachsagen, wir könnten keine Landkarten und Stadtpläne lesen, sitzen wir immer noch auf dem Beifahrersitz ihrer Autos und sagen dem nervös-schwitzenden »Wohin denn jetttzzzttt?«-Brüller den Weg an. Mag ja sein, dass wir die Karte dabei manchmal etwas drehen, wenden und dabei zerknittern. Und zugegeben, sie wieder richtig zu falten, lernen einige von uns erst im Lauf der Zeit. Aber spätestens nachdem wir das dritte Mal deswegen saublöd angeredet wurden, faltet sich das Ding von selbst in die ursprüngliche Form zurück. Der einzige Grund, warum das satellitengesteuerte Navigationssystem vom Mann erfunden wurde, ist doch der, dass das Computerweibchen nicht beleidigt ist, wenn er »Ja, was denn nun? Das ist doch eine Einbahnstraße, hast du keine Augen im Kopf!« keift. Ich möchte wetten, dass von diesen Wegansage-Maschinen mehr mit weiblicher als mit männlicher Stimme verkauft werden. Einer männlichen Stimme gegenüber hätte jeder Kerl sogar allein im Auto, also unbelauscht, sprachliche Beißhemmungen.

Apropos Zähne. Da kehren wir doch wieder ganz schnell zu unserem afrikanischen Adam zurück. Von dem es heißt, dass er – so wie seine dort zurückgebliebenen, behaarten Brüder – eine Gaumenbildung und Zahnstellung hatte, die ihm nicht erlaubten zu sprechen. Das scheint bei den meisten seiner Nachfahren bis heute so geblieben zu sein. Ist zumindest eine weltweite Klage von Frauen. Mit den Zähnen kann es aber eigentlich nichts mehr zu tun haben, denn die ihnen vorgesetzte Nahrung wird – meistens zumindest – problemlos zerkleinert. Und selbst wenn uns ein Steak oder Braten mal etwas zäh gerät: Nicht nur dazu halten sich Adams Nachfahren einfach ein Bierchen zum Runterspülen bereit.

Das muss überhaupt eine recht spannende Zeit gewesen sein, als Adam mit seinen Evas ohne Wegweiser über die Savanne trabte. Irgendwann müssen ein paar von ihnen auch in der Nähe von Düsseldorf, im Neandertal, angekommen sein. Es scheint auch nicht zu stimmen, dass die Kerle damals noch wüster ausgesehen haben als die heutigen, wenn sie von einem mehrtägigen Oktoberfestbesuch oder einem aus dem Ruder gelaufenen Vatertagsausflug zurückkommen. Der Neandertaler, den sie neulich im Fernsehen gezeigt haben, war gar nicht soooo übel. Und da die Nachbildung mit streng wissenschaftlichen Methoden gemacht wurde, glauben wir mal, dass er wirklich so oder so ähnlich ausgesehen hat.

Wie bin ich nur auf den Neandertaler gekommen? Ach ja, ich wollte – nicht erschrecken, bitte – auf die Missionarsstellung hinaus. Haben Sie den Film »Am Anfang war das Feuer« gesehen? Unbedingt nachholen, falls nicht. Der spielt zu einer Zeit, die auch Barnie Geröllheimer als graue Vorzeit bezeichnet hätte. Also in der Steinzeit. Ist eigentlich kein richtiger Spielfilm, sondern eher eine nachgestellte Doku über die Ansiedlung der Emigranten aus Afrika, also Adams und Lucys Clan. Da kommt eine höchst aufschlussreiche und verblüffende Sexszene vor. Adam kennt die Sache, na Sie wissen schon, welche ich meine, nur von hinten. Seine Frau hat die Idee – so wirkt es jedenfalls im Film – dass es anders herum vielleicht besser für sie ist (und es auch nicht schadet zu wissen, mit wem sie es gerade zu tun hat) und dreht sich einfach unter ihm weg und um. Der Adam im Film ist ganz erstaunt und gibt äußerst aufgeregte Töne von sich. Hat dann die Neuerung aber relativ schnell begriffen. So wurde die Missionarsstellung erfunden. Und da sagt Mann andauernd, die Frau könne nichts erfinden. Die Tragik von heute ist: Nur, weil diese Sache von einer Frau erfunden wurde, fliegt sie uns gegenwärtig andauernd um die Ohren. Wir seien verklemmt und zickig und nicht experimentierfreudig, heißt es oft. Bloß weil wir nicht jede Nacht Lust haben, noch ältere als sowieso schon olle Kamellen wieder neu aufzuwärmen.

Womit wir bei weiteren harten Fakten wären. Brecht hat einmal geschrieben: »Von diesen Städten wird bleiben: der durch sie hindurchging, der Wind!« Mit anderen Worten: auch er hat schon gewusst, was heute auf jedem Jahrmarkt ausgeschrien wird: Wir sterben aus! Deutschland bekommt keine Kinder mehr! Mit diesem Satz beginnen oder enden derzeit höchst alarmistische Medien-Dauer-Trommelwirbel, die sogar Rentnerinnen und Rentner aus ihren zufriedenen »Nach mir die Sintflut«-Haltungen scheuchen. Eine recht plausible Erklärung für die Aufgeregtheit könnte sein: Wir sind Papst! Eine andere: Die Spermien unserer Männer sind langsam, träge und weniger geworden. (Sagen die, die es wissen müssten, die Mediziner.) Noch eine andere Erklärung ist: Männer fühlen sich mit der Verantwortung für Kinder überfordert. Viele Frauen auch. Wie auch immer. Mir ist es ziemlich egal, ob Deutschland ausstirbt, ich sag's wie's ist! Wenn es so schön ausstirbt, wie die alten Griechen oder die alten Römer – mir soll es recht sein. Wer schon einmal mit dem Auto durch Rom gefahren ist, der weiß, dass die Ausgestorbenen noch ganz schön verwegen durch die Gegend fahren! Und klasse hupen können. Ihr Risotto Nero kann sich sehen lassen, und auch der griechische Wein ist noch immer einen kleinen deutschen Schlager wert. Die Leichen leben also noch! Selbst der Neandertaler hat bestimmt ein paar Gene bis in die Gegenwart durchgeschmuggelt. Was mithilfe von Michael Crichton den Dinosauriern gelang, wird der Meister aus Düsseldorf mit der dicken Keule doch wohl auch geschafft haben. Von unserem Freund Ötzi ganz zu schweigen. Da macht man eine harmlose Wanderung durch die Tiroler Berge, bedauert gerade, dass die Gletscher so brutal am Abschmelzen sind, und schon stolpert man über einen Vorfahren! Also, wir können ganz beruhigt sein. Alles Verlorene taucht irgendwann wieder einmal auf. Wird schon irgendwie weitergehen. In der Zukunft.

Weitaus beunruhigender scheint uns Frauen die Gegenwart zu sein. Denn während die Männer mit dem Daumen am Drücker sich aufwendige Zukunftsszenarien aus den restlichen Fingern saugen und scheinheilig über eine Gegenwart lamentieren, die von unseren Kindern (die viele gar nicht haben und auch nicht machen wollen!) nur geliehen sei, versauen sie uns allen das Hier und Jetzt von frühmorgens bis spätabends dermaßen gründlich, dass es kaum mehr beschreibbar ist. So sehen das derzeit viele Frauen. Zumindest die, die sich nicht zu Wasserträgerinnen des Dirty-Old-Man-Systems (in dem wir leben) haben machen lassen. Und stellen sich die Frage: Wozu brauchen wir die Kerle eigentlich noch?

Aber halt: so einfach sollten wir es uns nun auch wieder nicht machen. Männer sind – trotz anderslautender Gerüchte – komplexe Wesen. Und so wollen wir uns sie und das, was sie umtreibt, im Folgenden mal genauer anschauen. Vielleicht kommen wir dem »Phänomen Mann« dabei gemeinsam auf die Spur? Wir wollen aber nicht vergessen: Im Zweifel *für* den Angeklagten. Wir sind Demokraten. Und von einem Blute.

2

Von Männern, Frauen und Vertrauen

Männer nehmen in den Arm«, das erkannte schon Herbert Grönemeyer. Und er hat recht. Da tauchen doch in unseren Köpfen blitzartig alle möglichen Flashs auf. Blitzlichter vom Anfang unseres Lebens. So, wie es war, oder so, wie wir es gerne gehabt hätten. Vielleicht aber kennen wir diese Bilder auch nur aus Spielfilmen oder Werbespots? – Die durchgeistern ja längst unsere Erinnerungen und sind oft nicht mehr von der selbst gelebten Realität zu trennen. Auf jeden Fall ist das »Von-einem-Mann-in-den-Arm-genommen-Werden« ein weibliches Sehnsuchtsbild: der Mann in der Hocke, der mit strahlendem Lächeln die Arme ausbreitet, um seine kleine, auf ihn zulaufende Tochter darin aufzunehmen. Gerade hat sie laufen gelernt, und ihre Schritte sind noch etwas wackelig und unsicher. Aber die sichere Burg vor Augen, nämlich die Arme des Vaters und seine breite Brust, vertraut sie ihren eigenen kleinen Beinen und dem Boden, der sie dorthin tragen wird. Mein Bild von Frauen ist in dieser Situation ein anderes: Mütter, die den ersten Gehversuchen ihrer kleinen Töchter (und Söhne) nicht nur beiwohnen, sondern sie auch größtenteils in einer Mischung aus Liebe und Ehrgeiz initiieren, stehen meistens mit beiden Beinen fest auf dem Boden und beugen sich lediglich mit liebevoll ausgestreckten Armen dem Kind entgegen. Das ist zumindest das Bild der gleichen Situation, das ich in Bezug auf Frauen vor Augen habe. Sagt uns das schon etwas über Männer? Gehen sie für ihre Töchter in die Knie? Gehen Mütter vielleicht nur für ihre Söhne in die viel unbequemere Hocke? Oder verraten diese Bilder in meinem Kopf bereits etwas von meinen eigenen Vorurteilen?

In der Buchbranche sorgt die offenbar auch in modernen Zeiten nie versiegende Frauen-Sehnsucht nach beschützenden Männer-Armen für Millionenumsätze in einem ganz bestimmten Segment von meist historischen Liebesromanen. Für die entsprechenden Cover haben sich ganze Heerscharen von Graphikern auf das Sujet »männlicher, muskelbepackter Mann drückt eine gerade gerettete, bildschöne Frau an seine nackte Brust« eingefuchst. Der Malstil entspricht der Melodramatik früherer Filmplakate und trifft emotional »voll zwischen die Augen, der Mutti mitten ins Herz« (interner, marmorkalter O-Ton von Emotionsverkäufern). Oft ist die Kleidung der Bildschönen, Kurvenreichen etwas beschädigt, vielleicht sogar zerfetzt (damit der Busen etwas schwellender herausgearbeitet werden kann), was signalisiert, dass der breitbrüstige Muskelprotz, braungebrannt und über jeden Verdacht erhaben, sie gerade im letzten Moment vor einer schrecklichen Katastrophe gerettet hat. Vor Seeräubern, vagabundierenden Banditen, Indianern, wilden Tieren oder sonstigen Gefahren, die auf eine unschuldige, hilflose Frau jederzeit lauern können. Wie gesagt, diese Romane erleben Millionenauflagen und werden branchenintern »Beißer« genannt, weil die abgebildeten Frauen oft Kopf und Hals nach hinten biegen – was so wirkt, als würde der Mann gleich vor lauter Leidenschaft in den dargebotenen Hals der Holden hineinbeißen. Die enormen Umsätze mit diesem literarischen Kitsch sind nicht der Werbung zu verdanken, der Bedarf daran wird also niemandem eingeschwätzt, denn für diese Bücher wird nicht geworben, sie liegen lediglich in Stapeln zum Abgreifen bereit. Der massenhafte Konsum basiert einzig und allein auf der Optik der Schutzumschläge, also auf Bildern und Inhalten, die auf irgendeine vorhandene Sehnsucht bei den Käuferinnen treffen.

Meine ersten Männerarme gehörten meinem Großvater. Er war für mich wirklich »Eisenhans«. Ein großer, schlanker, schöner, weißhaariger Mann, der bis in meine Enddreißigerjahre der Inbegriff meiner Vorstellung von Männlichkeit war. (Auf die weißen Haare werde ich noch zurückkommen müssen!) An der Hand meines Großvaters war mir die Welt untertan. Es gab nicht einmal den Hauch einer Ahnung davon, dass sie später einmal vielleicht Schwieriges oder Schmerzvolles zu bieten haben würde, diese Welt zu meinen Füßen. Auf den Knien meines Großvaters und in seinen Armen war alles erlaubt – ich durfte sogar Bierschaum von einem Maßkrug trinken, den er für mich hielt. Großvater hatte einen Landgasthof und war Bauer. Er war ganz offensichtlich stolz auf sein erstes Enkelkind, und es schien ihn nie zu stören, dass ich ein Mädchen war. (Immerhin ungewöhnlich für die damalige Zeit und auf dem Land, für einen Bauern zumal!) Unsere große Liebe hielt bis zu seinem Tode an. Da war ich schon ein verheiratetes, gestandenes Weibsbild, und er sagte immer noch, wenn er mich Freunden vorstellte: »Das ist mein Enkerl!« Damals, als Stöpsel, wanderte ich von seinen Knien auf die der Stammgäste, und das Spielchen mit dem Bierschaum schien alle zu entzücken. Die Frauen – meine Mutter, meine Großmutter und meine Tante – hatten die unangenehme Aufgabe, darauf zu achten, dass es beim Schaum blieb. Solche Dinge prägen natürlich früh: Die Männer, die einem Mädchen alles erlauben, und die Frauen, die Verbote aussprechen! Das süße, blonde, kleine Mädchen hat jedenfalls, mithilfe und umstrahlt vom Stolz des Großvaters, Eindruck bei den Männern seiner Umgebung gemacht.

Eine andere frühe Erinnerung ist die an eine Heu- oder Getreideernte. Wenn die Wagen beladen waren, setzte mich Großvater auf Lisa, sein Lieblingspferd, eines von zweien, das vor den Erntewagen gespannt war. Mit der einen Hand führte er das Zaumzeug und dirigierte den Wagenzug, mit der anderen hielt er mich auf dem Pferd fest, auf dessen Rücken ich wie eine Königin thronte. Ich mag damals etwa drei Jahre alt gewesen sein und habe heute noch das Gefühl, diese starke Männerhand auf meinem Rücken zu spüren, wenn ich daran denke. Alle anderen saßen hoch oben auf dem beladenen Wagen oder gingen daneben her, »Gesinde« eben – ich thronte. So fuhren wir durch das Hoftor.

Ein anderes, sich blitzartig einstellendes Bild zum Stichwort »Männerarme«, zumindest im übertragenen Sinn, hat mit meinem Vater zu tun, der mir das Fahrradfahren beibrachte. Auf einem Spazierweg in einem lichten Auwäldchen an der Salzach. Der feste, sandige Boden – auf dem es sich wunderbar, wie auf Samt, barfuß laufen ließ – sollte eventuelle Stürze abfedern. Mein Vater hatte also an alles gedacht. (Oder war es der mütterliche Vorsichtsratschlag?) Das alte Fahrrad meiner Mutter, mit einem leicht beschädigten textilen Netz links und rechts am Hinterrad musste für den Zweck herhalten. Den Sattel konnte ich gar nicht erreichen, dazu war ich noch viel zu klein. Ich lernte Fahrradfahren also im Stehendtreten. Mein Vater hielt das Rad an der Lenkstange und am Gepäckträger fest und ließ mich (zähneklappernd vor Furcht, weil ich Angst hatte, mich dumm anzustellen und zu blamieren und auch davor, mir weh zu tun) auf die Pedale steigen. So fing ich an zu treten, und er ging – das Rad und mich darauf fest im Griff – neben mir her. Als ich aufhörte, mich vor dem Absturz zu fürchten und ein wenig Gefühl für Rad und Balance bekam, wurde ich natürlich schneller. Mein Vater ließ die Lenkstange los, fiel ein klein wenig zurück, war aber immer noch in meinem Gesichtsfeld, und hielt die ganze Unternehmung nur noch mit einem Handgriff am Gepäckträger.

Nach einer Weile rief ich beglückt, wie leicht das sei und: »Ich kann's, ich kann's!« Als ich die Stimme meines Vaters hörte, der so etwas wie »prima!« rief, registrierte ich, dass die ganz weit weg war. Ich war also schon eine ganze Weile allein unterwegs. Da bekam ich einen Riesenschreck und fiel natürlich sofort hin. Trotzdem – ab diesem Tag konnte ich Fahrrad fahren. Diese Lehrstunde war die Art meines Vaters, mich in den Arm zu nehmen.

Wenn ich heute, auf dem Weg nach Wien, mit dem Auto an dieser Lernstrecke vorbeifahre, die nahe der Salzburger Autobahn liegt, fällt mir immer sofort diese Szene ein. Und mein stiller Vater, der so wenig geredet hat und sich so schwer tat, Emotionen zu zeigen, und der leider nicht mehr lebt. Und dem ich deshalb nicht mehr sagen kann, dass ich seine stille Liebe trotzdem gespürt habe. Und auch nicht, dass ich heute weiß, wie schwer Männer sich mit dem Zeigen von Gefühlen tun!

Ein anderes Bild von geöffneten Männerarmen ist mir natürlich als Katholikin präsent. Es ist das Jesus-Motiv mit den ausgebreiteten Armen. »Lasset die Kindlein zu mir kommen!« Ich weiß nicht, ob die Religionslehrer meiner Kindheit im Sinn hatten, dass man Jesus als Mann sehen sollte. Ich hab das immer getan, gleichzeitig aber Maria immer irgendwie faszinierender gefunden. Geheimnisvoller. Kein Wunder. Selbst einem unaufgeklärten Kind musste es instinktiv merkwürdig vorkommen, dass es Jesus gab, obwohl Josef und Maria keinen Sex hatten. Wie man uns lehrte und wohl immer noch lehrt. (Von Maria Magdalena wusste ich damals noch nichts. Später wurde sie uns als »leichtes Mädchen« verkauft, und heute soll sie laut einem Herrn namens Braun oder so ähnlich sogar die Ehefrau von Jesus gewesen sein. So ändern sich die »Wahrheiten« mit den Zeiten. Schon verblüffend, was für Klatschgeschichten nach über zweitausend Jahren plötzlich über eine einfache Frau auftauchen können. Aber immerhin – damals eine Frau mit Vergangenheit zu heiraten wäre auf jeden Fall wahrhaft christlich gewesen.)

Aber nicht nur Männer nehmen in den Arm. Auch Frauen tun es. Ihre Kinder, ihre alt gewordenen Eltern, Geschwister, Freundinnen, Kolleginnen. Und nachts sogar manchmal ihre Männer! Wenn es stimmt, dass die Spiegelzellen in unserem Gehirn alles speichern, was wir erleben, sehen und was sich wiederholt, und dass wir Menschen es – wie ein Fotokopierer – abrufen und nachahmen, wenn es gerade gebraucht wird, dann ist das »In-den-Arm-Nehmen« der Männer unzweifelhaft etwas, das sie von ihren Müttern gelernt und für sich abgewandelt haben. Denn in beschützenden Armen zu liegen und später in den Arm genommen zu werden, das erleben wir alle zuerst im Zusammenhang mit Mütterarmen. Also auch die Männer.

Wenn wir Frauen andere in den Arm nehmen, sind wir meistens dabei zu trösten und zu beruhigen. Wir signalisieren dann: Es wird alles gut werden, und auch: Ich liebe dich. Wenn Männer in den Arm nehmen, dann ahmen sie also etwas mithilfe der Spiegelzellen Gelerntes nach, geben ihm aber andere Inhalte. Bei ihnen soll es vielleicht eher heißen: Es *ist* alles gut. Ich bin ja da. Oder: Ich sorge dafür, dass alles gut wird. Du kannst dich auf mich verlassen. Es heißt durchaus nicht immer auch: Ich liebe dich. Oft heißt es sogar vielmehr: Liebe *mich* (wenn ich schon die Welt für dich in Ordnung bringe!).

Er ist schon ein bisschen abgedroschen, der Spruch von den Männern, die angeblich »lieben lassen«. Und auch er gehört natürlich zur individuellen Überprüfung in die Kiste der Vorurteile. Aber wo Rauch ist, ist meist auch Feuer. Ein bisschen was könnte schon dran sein, an dieser vermuteten Passiv-Einstellung zum Lieben der Männer.

Und da sich die Zeiten geändert haben, ließe sich ausgehend von dieser Annahme auch eine Erklärung für eine andere Verhaltensweise finden: Der Mann, der eben noch seine kleine Tochter in seine weit ausgebreiteten Arme laufen lassen wollte, gibt das kleine Mädchen oftmals ganz schnell an die Mama weiter, wenn es vor der Ankunft an der vaterstolzen Brust doch noch hingefallen ist und brüllt wie am Spieß. Eine kurze Alibiröstung, und Papa – dessen strahlendes Lächeln schlagartig in sich zusammengestürzt ist (o Gott, überall Katastrophen und Probleme, im Job und jetzt auch hier!) – gibt das Tränen verspritzende Klagebündel an die richtige Troststelle weiter. Die Mama wird's schon richten. Und wenn das kleine Mädchen schlau ist und instinktiv auch kleinere Ansätze zu Neurosenausformung vermeiden will (dreißig Jahre später weißhaarigen Männern nachzuschmachten, beispielsweise), dann geht es gern auf Mamas Arm, bevor es in Vaters Augen zum Problemfall wird.

Aber vielleicht ist das Bild der ausgebreiteten Vaterarme in meinem Frauenkopf eben doch eines, das ich aus einem Werbespot oder einem alten Rühmann-Film habe, und den Männern geht es vielleicht nicht anders? Sie haben dieses Verhalten irgendwo gesehen und spielen einfach ein Klischee nach. Wer kann das wissen? Oder vielleicht wollen sie, die sowieso so selten zu Hause sind, einfach emotionalen Rahm abschöpfen?

Ein Papakind kreieren? Weil es bei ihnen zu Hause vielleicht ganz anders war: Ich werd's dem Papa sagen, und dann kannst du was erleben! Wer als Kind den Vater als schwarzen Buhmann erlebt hat, der weiß, welche Rolle er im Leben seiner Kinder ganz bestimmt nicht spielen will.

Dass wir Frauen so gerne in Männerarmen liegen, ist vielleicht nichts anderes als der Wunsch, an der Brust von »Eisenhans«, von *unserem* »Eisenhans« (nicht von irgendeinem), vor allem Unbill der Welt beschützt zu werden. Loslassen zu können. Nicht stark sein zu müssen. Kleines Mädchen sein zu dürfen, das geliebt, gelobt und gestreichelt wird. Das tut Frauen gut. Je moderner, selbständiger, ge- und überforderter sie sind, um so mehr. Aber auch Männer schätzen diese Situation. Es ehrt sie, macht sie stärker (oft als sie sind), gibt ihnen das Gefühl, gebraucht zu werden und wichtig zu sein in der für sie ohnedies geheimnisvollen, undurchsichtigen und verwirrenden Welt der Frauen.

Und dann? Dann kommen wir daher, und nehmen es ihnen übel. Halten ihnen ihr Überlegenheitsgefühl vor. Ja, was denn nun? Das sind doch eindeutig verwirrende

Signale, die wir da abliefern. Ein Vorschlag zur Güte: Lassen Sie uns diese Gefühle – in den Arm zu nehmen und in den Arm genommen zu werden – doch einfach gemeinsam genießen. Und Schluss mit der hintersinnigen Grübelei. Bevor wir den Tag erleben müssen, dass wir unsere Männer in ganz alltäglichen Situationen plötzlich tröstend in die Arme nehmen und ihre Tränen trocknen müssen! Denn das würden die Hardliner unter ihnen womöglich als Gesichtsverlust empfinden, und uns würden sie sogar noch böse sein, weil wir sie bei einer Schwäche »ertappt« haben.

3

Von Männern, Stürmen und Gefahren

Der Wind peitscht die Äste der Bäume. Er pfeift um die Hausecken, heult im Kamin und lässt die Fensterläden klappern. Die Außentemperatur sinkt und sinkt. Es schneit seit Stunden, der Schnee türmt sich bereits hüfthoch vor der Eingangstür, und der kurze Weg zur Garage ist schon im Weiß versunken. Keine Möglichkeit, das Haus zu verlassen. In so einer Situation einen Mann an der Seite zu haben, ist durch kein besseres Sicherheitsgefühl zu ersetzen. Das unterscheidet die Generaldirektorin nicht von der Hausfrau. Während wir Frauen angespannt jeder Veränderung des Windgeräusches nachhorchen und Kerzen auf den Tischen und Fensterbänken aufstellen und anzünden, überprüft der Mann alle Fensterläden und Türen, lässt immer mal wieder in der Küche und im Bad das Wasser laufen, damit die Leitungen nicht einfrieren. Platziert Taschenlampen und Streichhölzer an strategisch wichtigen Stellen, um gegen einen Stromausfall gewappnet zu sein und überprüft die Akkus der Handys. Er hat schon lange vorher dafür gesorgt, dass genügend Holz für den offenen Kamin im Haus ist und hält das knisternde und funkenstiebende Feuer darin in Gang. Dann öffnet er eine Flasche Rotwein oder macht Tee, lässt sich vor dem Kamin in die Couchpolster fallen, grinst und lässt den Sturm Sturm sein. Das funktioniert übrigens genauso gut auch ganz ohne Luxusambiente …

Sie meinen, das sei schon wieder so ein Klischee aus Kino oder Werbung? Mag so klingen, ist aber alles selbst erlebt. (Auch Klischees brauchen Vorbilder, bevor sie welche werden können.) Das geschilderte Winterszenario ist auch keine Argumentation für die Tüchtigkeit des Mannes an sich, sondern vielmehr ein Extrembild für Wohlgefühl und Geborgenheit. Natürlich könnte Frau das alles selbst herstellen und vielen alleinlebenden bleibt auch gar nichts anderes übrig – wobei die meisten technisch Minderbegabten eher nicht an das mögliche Einfrieren der Wasserleitungen denken würden und schon gar nicht auf die Idee kämen, dass das gelegentliche Aufdrehen der Wasserhähne dagegen helfen könnte, stimmt's? Aber so einen altgriechischen Atlas an seiner Seite zu haben, der das womöglich unter den Schneelasten einstürzende Dach notfalls allein mit seinen zwei Armen abstützt, ist eine vielleicht etwas zu naive, aber beruhigende Frauenphantasie.

Natürlich wissen Frauen auch längst, dass man sich vor dem Donner eines Blitze zuckenden Sommergewitters bei gleichzeitigem Wolkenbruch nicht fürchten muss. Aber selbst Großmutters Spruch »Der Himmelvater kegelt« wirkt nicht so nervenbefreiend wie ein Mann, der einen am Fenster in den Arm nimmt und sagt: »Ist das nicht herrlich? Schau dir mal an, was da herunterkommt. Da brauchen wir tagelang den Garten nicht mehr gießen! Und die Farben – Himmel und Erde gehen ineinander über. Die armen Schweine, die jetzt unterwegs sind. Da hilft auch der beste Scheibenwischer nichts mehr! Haben wir's nicht gut? Ist eigentlich noch was von dem Schinken und der tollen Melone da?«

Sie finden, auch dieses Szenario ist kitschig? Vielleicht, aber trotzdem wahr. Schon tausende Male – mit wechselndem Monolog – so oder so ähnlich abgelaufen. Mit Frikadellen geht's genauso gut. Oder Leberwurstbrot. Auf den Mann am Fenster kommt es an und seinen staunenden, faszinierten Blick auf das tobende Chaos draußen. Er stellt das Bollwerk gegen die drohenden Gewalten dar. In solchen Augenblicken ist er – zumindest in meinen Augen – Teil der Natur und gleichzeitig Schutzwall vor ihrer Gefährlichkeit. Dazu ist keine nackte Brust und auch kein zerfetztes Kleid nötig, und es muss auch kein dem Zoo entlaufenes Raubtier in der Nähe des Hauses herumstreichen. Dieses Geborgenheitsgefühl, das Männer bei Frauen hervorrufen können, macht einen Großteil der Sehnsucht von Frauen nach einem Mann aus. Ich glaube, dass es eine weitaus größere Rolle spielt als der Wunsch nach Sex. Die Sehnsucht nach Geborgenheit ist dem nach Sex auf jeden Fall vorgeschaltet. Guter Sex geht für Frauen wahrscheinlich sowieso nur dann, wenn das dazugehörige Geborgenheitsgefühl zumindest im Ansatz vorhanden ist.

»Geborgenheit« ist übrigens im Jahre 2004 zum zweitschönsten Wort der deutschen Sprache gewählt worden. Dieser Wettbewerb wurde vom Deutschen Sprachrat und vom Goetheinstitut ausgeschrieben. Eine Jury wählte aus knapp 23 000 Wörtern und Einsendungen aus 111 Ländern dieses Wort aus. Geschlagen wurde »Geborgenheit« nur von »Habseligkeiten«. Wie auch immer das jetzt zu deuten ist.

Geborgenheit herzustellen ist eine der wichtigsten Aufgaben von Elternschaft, also von Müttern und Vätern. Ohne die Erfahrung von Geborgenheit kann der Mensch kein Urvertrauen fassen. Ohne Urvertrauen werden wir nicht »ganz« und können uns im Leben niemals sicher fühlen. Es ist aber eben auch eines der ganz großen Zauberkunststücke guter Männer. Und der Witz dabei ist – sie müssen gar nicht viel tun. Nur anwesend und so sein, wie sie sind. So wie sie sind, wenn sie an einem Motor herumschrauben, einen kniffligen Text schreiben, Musik machen, komplizierte Pläne zeichnen, Hecken schneiden, Teppichböden verlegen, kochen oder einen neuen Wein probieren – also Dinge tun, die sie zutiefst interessieren und faszinieren. Geborgenheit ist ein umhüllendes Gefühl der Sicherheit, des Vertrauens, der Zufriedenheit, der bedingungslosen Akzeptanz.

Kinder beiderlei Geschlechts üben übrigens sehr früh, diesen Glückszustand auch spielerisch selbst herzustellen. Oder haben Sie etwa als Kind keine Höhle gebaut? Da wurden und werden auch heute noch Tische aller Art mit großen Tüchern verhängt und darunter Polster und Kissen verteilt. Je dunkler, je geschlossener, desto besser.

Auch Baumhäuser sollen dieses Geborgenheitsgefühl einer sicheren Höhle hervorrufen. Höhle mit Aussicht. Da dürfen Väter und Großväter als Bauherren wieder zu Kindern (und zu Architekten) werden. Unter einem Baumhaus können Hunde bellen, solange sie wollen, und wenn sie Wölfe wären. Da oben werden Kinder zu Ronja Räubertochter, zu Michel von Lönneberga, zu Pippi

Langstrumpf und zu Harry Potter. Alles ist oder wird in der Phantasie möglich, weil die Welt draußen und drunten, aber dennoch jederzeit im Sichtfeld bleibt.

Da sind sie also immer noch, die Gene unserer Vorfahren: der Rücken frei, den Eingang im Blick und alles unter Kontrolle, ganz ohne Anspannung. Dieser Geborgenheits- und Sicherheitswunsch verlässt uns niemals, auch als Erwachsene nicht, obwohl wir längst nicht mehr von wilden Tieren oder feindlichen Stämmen bedroht werden. Im Restaurant sitzen wir lieber mit dem Rücken zur Wand oder in Nischen als mit dem Rücken zur Tür. Ein höflicher, liebender Mann wird seiner Partnerin immer den Platz mit dem Rücken zur schützenden Wand anbieten, und dafür die unsichere Rückenpreisgabe in Kauf nehmen. Vielleicht ist das daraus resultierende männliche Urgefühl der Unsicherheit auch einer der Gründe dafür, warum so viele schlechte Stimmungen und schwärende Kräche ihren Anfang in Restaurants und Gaststätten nehmen?

Die Sehnsucht nach Geborgenheit ist alles andere als erstaunlich, und auch Herr Professor Freud muss nicht bemüht werden, angesichts der Tatsache, dass jeder Mensch in einer warmen, dunklen Höhle heranwächst. Die unbewusste Erinnerung an unser Sein im Bauch unserer

Mütter ist für jeden Menschen der Urbegriff von Geborgenheit. Das ist auch der Grund, warum Frauen (die vielleicht ein besseres Langzeitgedächtnis haben?) in Stress- und Kummersituationen stundenlang in Badewannen mit warmem oder gar heißem Wasser flüchten. Mit geschlossenen Augen bei immer wieder nachlaufendem warmem Wasser lässt sich das Fruchtwassergefühl und das der Geborgenheit wunderbar simulieren. Das ist allerdings eine sehr weibliche Art von Regeneration. Männer gehen lieber unter die kalte oder heiße Dusche, hacken Holz oder gießen »Fruchtwasser« in kleinerer oder größerer Dosis von außen nach.

Männer machen Feuer. Sie bauen Kachelöfen und erfinden Heizanlagen. Sie montieren Solarzellen auf den Dächern und rechnen aus, wie viel Heizkosten mit Innen- und Außenwanddämmungen gespart werden können. Sie bohren nach Heißwasservorkommen für Bio-Fernheizwerke. Sie verstehen viel von Hitze und Wärme und nutzen gute und schlechte Wärmeleiter für geniale Erfindungen. Sie kochen mit Heißluftherden, können perfekt mit einem Bratenthermometer umgehen und wissen über die richtige Temperatur von Wein Bescheid. Kurzum: Sie wissen viel von Wärme und Kälte als Aggregatzustand. Sie stellen aufgrund dieser Kenntnisse nicht nur notwendige Gegebenheiten, sondern auch gute Dinge, wohlige Atmosphäre und Geborgenheit her (und dar). Aber sie geben nur selten verbal zu, dass auch sie Geborgenheit als Gesamtzustand brauchen und suchen. Ist in ihren Augen wahrscheinlich uncool. Dafür sind viele Männer in Bergungsberufen tätig. Sie bergen Schiffbrüchige und Unfallopfer jeder Art. Sie bergen Katzen und Papageien von hohen Bäumen und sie bergen im Herbst Kinder-Drachen, die sich in Ästen verfangen haben. Sie bergen verlorene Schätze. Aber sie verbergen ihre Gefühle. Nicht alle und nicht immer. Aber oft.

Von Männern, Stahl und Tränen

4

Tränen sind ein ganz besonderer Stoff. Weshalb sie auf empfindlichen Textilien wie zum Beispiel Seide Flecken hinterlassen. (Aber wer in Seide weint, leidet wenigstens nicht auch noch äußere Not!) Tränen bestehen aus Wasser, Eiweiß, Salz und einer winzigen Spur Fett. Letzteres gibt die Augapfelumgebung ab, damit die Lider, die als Scheibenwischer fungieren, die Tränenflüssigkeit besser vom Augapfel »wischen« können. Es gibt irgendeinen Geheimcode, den das Gehirn bei starken Emotionen wie Trauer, Schmerz oder auch Freude an die Tränendrüsen funkt. Bei Babys, Kindern und Frauen funktioniert dies perfekt – die meisten Männer aber haben diesen Code gesperrt. Abgestellt wie ein Handy. Nur wenn sie unbeobachtet sind, schalten sie angeblich die Mailbox der angebrandeten Emotionen ein und weinen heimlich. Diesen Moment der Schwäche darf aber um Himmels willen niemand mitbekommen. All das ist alles andere als gesund und damit gar nicht gut.

Der Volksmund und seine Sprichwörter wissen viel über das Weinen zu sagen. Es lohnt sich, einen Blick auf diese »Weisheiten« zu werfen:

Nicht die vergossenen, die ungeweinten Tränen sind die schmerzlichsten.

Wie wahr. Wer schon einmal seine Tränen mit aller Kraft zurückgehalten hat, der weiß, dass dabei ein Druck im Brustkorb entsteht, der eine geradezu unheimliche Angst macht. Gleichzeitig gehen die Ohren »zu«, und man hört sein eigenes Blut rauschen. Auch die Stimmbänder werden belegt, die Sprechlaute kommen wie gequetscht aus dem Hals und hören sich wie erstickt an. Alle Frauen, die im Berufsleben stehen, haben diese körperlich geradezu bedrohliche Situation schon einmal erlebt und gefühlt. Auch wir verbieten uns, in einer Konferenz oder einem wichtigen Gespräch – nein: überhaupt im Job – zu weinen. Erwachsene Menschen weinen nicht, während sie ihrem Broterwerb nachgehen und wenn man ihnen noch so sehr zusetzt. (Haben wir Frauen uns von den Männern abgeguckt, damit sie uns mitspielen lassen.)

Ich erinnere mich an eine solche Extremsituation, die ich mein Leben lang nicht vergessen werde. Ich hatte in den Augen meiner männlichen Vorgesetzten einen Fehler in einer Personalfrage begangen (es war objektiv gesehen kein Fehler, aber ich habe versehentlich ihre für mich undurchsichtigen Männer-Pläne durchkreuzt!), worauf sie mir über eine Stunde lang auf eine Art und Weise zusetzten, die ich heute – viele Jahre später – eindeutig als Psychoterror bezeichnen würde. Das Ambiente war geschickt gewählt: ein riesiger, leerer Konferenzraum, darin ich als Angeklagte auf der einen Seite des Tisches und vier Männer mir gegenüber. Sie schossen Fragen und Behauptungen im Sekundentempo auf mich ab und spielten das Spiel »good guy, bad guy« perfekt in allen Tonlagen. Einer brüllte, der zweite sprach ganz leise, der dritte trommelte mit den Fingern auf der Tischplatte, der vierte tigerte hinter mir hin und her und beugte sich immer mal wieder über meine Schulter von hinten zu mir herunter und stieß mir irgendeine Frage ins Ohr. Und da ich nicht sofort innerlich umkippte – ich fühlte mich nicht nur im Recht, sondern war auch hell empört über diese niederträchtige Behandlung –, hielt ich viel zu lange stand, statt aufzustehen und zu gehen (Frauen in Führungspositionen weinen nicht! Und Frauen in Führungspositionen fliehen nicht, wenn sie angegriffen werden!) – was zur Folge hatte, dass sich dieser unwürdige Vorgang immer mehr in die Länge zog. Irgendwann war ich innerlich so fertig, dass ich die Tränen nur noch mit äußerster Willensanstrengung zurückhalten konnte und alle die oben geschilderten Symptome spürte. Ich stand kurz vor einem Kreislaufkollaps und muss weiß wie die Wand gewesen sein (was der Viererbande wohl selber Bedenken einflößte, so dass sie von mir abließ), denn als ich in mein Büro zurückkam, erschreckte ich meine Mitarbeiter durch mein Aussehen derart, dass sie einen Arzt rufen wollten. Ich wäre aber lieber gestorben, bevor ich vor diesen Psychogangstern, die sich Chefs nannten, geweint hätte. (Das holte ich auf der Damen-Toilette gründlich nach, und es ging mir dabei von Minute zu Minute besser.) Ich weiß seitdem sehr genau, was es bedeutet, seine Emotionen so sehr im Zaum zu halten, dass natürliche Reaktionen ausgeblendet werden. Es ist ungesund und macht kalt. Der Brustkorb fühlt sich an wie tiefgefroren. Es befördert Mordphantasien vom untersten Seelengrund weit nach oben. Ich bin sicher, dass nach diesem Vorkommnis noch monate-, wenn nicht jahrelang der blanke Hass in meinen Augen stand, wenn ich die Kerle unbeobachtet betrachtet habe.

Männer weinen nicht. Schaut es auch in ihnen manchmal so finster aus, wie ich es an mir erlebt habe? Denn sie tun das Geschilderte ja nicht nur Frauen, sondern auch sich gegenseitig an. Und sie tragen die daraus entstehenden Verletzungen in Form von Kälte oder mehr oder weniger hochlodernder Wut ständig unverarbeitet mit sich herum. Das würde vieles erklären.

Der kleine Mensch ist mit viel intuitiver Weisheit ausgestattet, wenn er auf die Welt kommt. Und es wird uns wohl allen ewig ein Rätsel bleiben, warum wir unseren Kindern all diese Weisheit, all diese guten Anlagen und natürlichen Antennen, ihren unschuldig wissenden, neugierigen Blick auf die Welt, im Laufe der Erziehung und schulischen Faktenvermittlung gleich wieder abtrainieren? Diese von der Natur mitgegebene Weisheit lässt das Baby weinen oder sogar brüllen, wenn es meint, einen Aufmerksamkeitszahn zulegen zu müssen. Damit signalisiert es Bedürfnisse. Physische oder psychische. Weinen ist die perfekte Kommunikationsmethode eines kleinen Kindes. Und die von Frauen. Verhaltensforscher definieren Weinen als Sozialverhalten, das eine Art Mitgefühlsreflex auslöst, der bei der Umgebung Aufmerksamkeit und Beschützerinstinkte weckt.

Aber damit haben die Männer so ihre Probleme. »Bitte

nicht weinen, ich kann keine Tränen sehen!« – ein Männerstandardsatz. Angesichts von weiblichen Tränen gibt es für den Mann nur zwei Reaktionsmöglichkeiten: Flüchten oder Standhalten. In letzterem Fall öffnen sich oft spontan »seine« Arme … Daher der Spruch: *Tränen sind der Frauen Waffen! – Wasser höhlt den Stein,* möchte ich noch hinzufügen und dass es ein *Weinen zum Steinerweichen* gibt.

Wenn der männliche Stein allerdings zu Krupp-Stahl geworden ist, wird man als Frau und Kind mit Wasser, Eiweiß und Salz dennoch nicht weit kommen!

Interessant ist auch der Gedanke, der sich aus dem Spruch *Die zu tun haben, haben keine Zeit für Tränen* ergibt. Wer sich verbietet, seine Emotionen und seelischen Druck herauszulassen – und Tränen sind genau dafür gemacht – muss andere Ableitungen oder besser gesagt Ablenkungen finden, wenn er nicht versteinern will. So erklärt sich das Phänomen der krankhaften Arbeitssucht. Eine gruselige Erkenntnis in Bezug auf Männer, denn sie haben ja eigentlich dauernd etwas außerhalb von Familie oder privaten Beziehungen zu tun. Es ist die Rolle in der Welt, die sie zugewiesen bekommen oder sich genommen haben, nachdem das Kinderkriegen von der Natur schon anderweitig vergeben war. So marschieren sie mit ihren Siebenmeilenstiefeln (alles, was schnell fährt und fliegt – natürlich selbst erfunden!) über den Globus – und schon längst darüber hinaus –, schauen nicht nach links und nicht nach rechts, damit ihr Blick nicht zufällig auf etwas fällt, was die Schleusen der Tränendrüsen beim Anblick ihrer eigenen Werke und ihres schrecklichen Budenzaubers im Großen wie im Kleinen doch noch öffnen könnte. Natürlich sind nicht alle Männer so, aber leider doch die meisten derer, die unsere Welt bestimmend gestalten. Und gerade dabei haben sie derzeit keine gute Hand. Wirklich nicht. Vielleicht ist das der Grund, warum wir Frauen angeblich alles tun, um Männer zur Verzweiflung zu bringen? Vielleicht wollen wir sie zum Weinen bringen? Und das eben nicht nur heimlich? Denn: *Wo Tränen sind, da ist Gewissen.*

Falls Sie mir jetzt allzu freudig zustimmen, muss ich leider Wasser in den Wein gießen. Seit wir Frauen gleichberechtigt mitmischen, hat sich nicht so furchtbar viel zum Guten (Stichwort Gewissen) geändert. Wir Frauen bewegen uns nach wie vor in den kaputten Systemen, die die Männer geschaffen haben. Und denen passen wir uns an. Wohl wahr – eine, die es nicht tut, wird ganz schnell »ausgespuckt«. Und auch wahr: seit wir uns das Mitspielendürfen erkämpft und ernörgelt haben, ist – gemessen am Erdalter – noch nicht allzu viel Zeit vergangen. Aber irgendwie vermisse ich überall die vielgerühmte »weibliche Handschrift«. Frau Thatcher hat sie nicht geschrieben (obwohl sie doch dauernd unübersehbar ihre schrecklichen Handtaschen mit sich herumschleppte – da wird doch wohl Schreibzeug drin gewesen sein?), und auch hierzulande macht ein Hosenanzug noch keinen Sommer. Also werden wir Frauen – wenn uns nichts Besseres einfällt – noch lange viele Tränen weinen müssen, um die Steine in der Brust der mächtigen Männer zu erweichen.

Und vielleicht sogar gelegentlich tatkräftig nachhelfen müssen, damit sie durch deren dickes Brustfell dringen. Denn: *Tränen sind der Seele weißes Blut,* hat Heinrich Heine gesagt. Er hat dabei nicht zwischen Männern und Frauen unterschieden.

5

Von Männern, Liebe und Zärtlichkeit

Viele Männer haben zum Thema Zärtlichkeit Schönes und Bedenkenswertes gesagt – ein Beweis dafür, dass sie sehr wohl wissen, worum es bei Zärtlichkeit geht und was sie ist. Vielleicht sollten wir alle – Männer und Frauen – uns einige davon in unsere inneren Stammbücher schreiben:

»Der heutige Stadtmensch hat seine Gefühlswelt gleichsam mit einem Panzer umgeben, trägt seine Zärtlichkeit darin wie eine samtene Hand unter eiserner Faust.«

Desmond Morris

»Die Zärtlichkeit ist das Ruhen der Leidenschaft.«

Joseph Joubert

»Wir müssen stark werden, ohne je unsere Zärtlichkeit zu verlieren.« *Che Guevara*

»Ich müsste meine eigene Hölle haben für den Zorn, meine Hölle für den Hochmut, – und eine Hölle der Zärtlichkeit; ein ganzes Konzert von Höllen.«

Arthur Rimbaud

»Im Fußballspiel steckt auch Zärtlichkeit. Man muss den Ball so mit den Füßen streicheln, dass er im Netz des Gegners landet.« *Pelé*

»Solidarität ist die Zärtlichkeit der Völker.«

Che Guevara

Gerade diese letzten beiden Zitate zeigen deutlich, dass Männer unter Zärtlichkeit auch gelegentlich etwas anderes verstehen als wir Frauen. Wir definieren sie auf Zweisamkeit bezogen und ordnen sie im engeren Sinn der Liebe und der Fürsorglichkeit zu. Männer beziehen die Dinge, die ihnen auf der Welt insgesamt etwas bedeuten, in diese Themenfelder mit ein. Wahrscheinlich ist es das, was uns Frauen gelegentlich so irritiert. Leidenschaft im Sport oder im Beruf gestehen wir den Männern zu, können sie ja oft genug dabei beobachten. Aber Zärtlichkeit für einen Fußball? Oder gar Politik? So denken sie aber, und so sind sie nun mal, die Männer.

Zärtlichkeit ist kein weibliches Privileg. Wir haben sie nicht erfunden und wir haben auch nicht die Definitionsoberhoheit dafür. Weder Mann noch Frau können Zärtlichkeit planen, man kann sie sich auch nicht »vornehmen« wie einen guten Vorsatz. Zärtlichkeit ist eine Empfindung, eine Welle von Zuneigung, die man warm in seinem Inneren spürt, die sich in den Augen spiegeln kann oder in Gesten ausdrückt, aber natürlich auch in Handlungen. Zärtlichkeit ist eine sachte Berührung am Arm, eine Wimper, die man liebevoll von der Wange wischt, ein Lächeln ohne Anlass, ein zufälliges Treffen von Händen oder auch nur eine leise Berührung mit einem Finger. Sie hat nichts mit Sex zu tun. Wir kennen sie alle, diese wunderbare Wärme, die uns durchflutet, wenn wir ein beschützenswertes oder geliebtes Wesen vor uns sehen und uns seines »Da-seins« bewusst werden. Zärtlichkeit kann man aber auch Dingen entgegenbringen, mit denen wir Erinnerungen an besonders schöne Situationen oder geliebte Menschen verbinden. Zärtlichkeit kann nur entstehen, wenn man sich des Augenblicks, seiner selbst und des anderen gewahr wird. Wenn der Rest der Welt ausgeblendet ist.

Männer können den Dingen gegenüber, die sie lieben und in den Handlungen, die sie entspannt und mit Freude tun, sehr zärtlich sein. Haben Sie schon einmal gesehen,

- wie ein Mann über den Lack seines frischgeputzten Autos streicht?
- wie er die Marke auf einen wichtigen (privaten) Brief klebt, ihn noch einmal in die Hand nimmt und anschaut, bevor er ihn in den Kasten wirft?
- wie er den Tisch deckt und die Weingläser konzentriert platziert, wenn er ein besonderes Essen gekocht hat?
- wie er seine Gitarre stimmt und wie liebevoll er sie nach dem Spiel wieder in den Kasten packt?
- wie er einen Aktendeckel schließt, in dem sich ein Manuskript oder ein Konzeptpapier befindet, an dem er lange und hart gearbeitet hat?
- wie er das Parfüm seiner Partnerin schnuppert, wenn er ihr aus dem Mantel oder der Jacke hilft?
- wie er sorgfältig jeden Zweig aussucht, auf den er am Weihnachtsbaum eine Kerze platziert?
- wie weich und zärtlich seine Züge werden, wenn er im Urlaub mit geschlossenen Augen sein Gesicht in die Sonne hält?

- wie liebevoll er seine Lieblingsbücher aus dem Regal zieht?
- wie er vor der besonderen Auslage eines besonderen Uhrengeschäfts steht und mit den Augen schier darin versinkt?
- wie er auf dem Markt Gemüse und Obst auswählt (vor allem, wenn er selbst kocht)?

Es fällt Männern leichter, ihre Zärtlichkeit Dingen gegenüber zu »erweisen« als Menschen. Menschen (vor allem Frauen) sind in ihren Augen unberechenbar, und sie fürchten sich vor abwehrenden Reaktionen, sind sich selten sicher, wann der richtige Zeitpunkt in den Augen der Frau für eine Zärtlichkeit sein könnte – Dinge lassen sich dagegen kalkulieren. Frauen sind da spontaner, weniger misstrauisch, sie berühren gern. Männer haben zwar Angst davor, in ihren Zärtlichkeiten missverstanden zu werden oder tollpatschig und unmännlich zu wirken, aber sie gieren geradezu nach Zärtlichkeiten. In diesem Punkt gleichen sie Kindern und in diesen weichen Momenten fühlen sie sich vielleicht auch so. Selbst- und weltvergessen und in dem Gefühl verloren, dass sie es sind, die gemeint sind. Nicht der Chef, nicht der Ernährer, nicht der große Weltenlenker – keine von all diesen Rollen, mit denen sie selbst sich so gerne identifizieren und die sie sich selbst ständig auf den Leib schreiben. Angenommensein ohne Vorbehalte, ohne Vorurteile und ohne hinterfragt zu werden. Einmal nicht irgendetwas darstellen oder spielen müssen. Allerdings wollen sie den Zeitpunkt und die

Situation, in der sie uns und sich diese Gelöstheit erlauben, selbst bestimmen. Da fängt das Verhängnis aber oft an. Ich würde mich beispielsweise hüten, meinem Mann zärtlich zu kommen, während er kocht. Da nimmt er verbale und körperliche Schmeicheleien zwar gnädig an (weil er höflich und freundlich ist), will aber ganz offensichtlich lieber, dass ich die Küche verlasse. Es ist auch keiner Frau anzuraten, dass sie anfängt, ihren Mann zu streicheln oder zu liebkosen, während er entspannt vor seiner Spielzeugeisenbahn lagert und Mehdorn einen guten Mann sein lässt. Es ist überhaupt schwierig, den richtigen Zeitpunkt herauszufinden, wann ein Mann unwidersprochen Zärtlichkeiten annimmt. Es ist nur so, dass selbstversunkene Männer in den oben geschilderten Situationen auf Frauen dermaßen anziehend wirken, dass sie sich zu Zärtlichkeiten hinreißen lassen und oft gar nicht anders können, als ihre Zuwendung und Liebe zu zeigen. Und dann gekränkt sind, wenn es nicht die gewünschte Gegenreaktion oder sogar Zeichen von Unwilligkeit gibt. Das nachfolgende Gedicht von Heinz Kahlau passt gut zum schwierigen Thema »Mann und Zärtlichkeit«. Und es macht auf zärtliche Weise deutlich, welch scheuer Vogel das »miteinander zart sein« ist:

Verletzt

Die Wärme, die so dicht um meine Schultern lag,
hast du mit einer harten Geste weggezogen.
Jetzt ist mir kalt am heißen Sommertag.

Der allzu scheue Vogel Zärtlichkeit,
von deiner bösen Stimme ist er aufgeflogen
bis zu den Toten. Zittert dort und schreit.

Du hast ihn um sein schönes Nest betrogen,
das er sich selten aus vier Händen baut.
Du warst zu schweigsam, und du warst zu laut.

Nicht zu schweigsam und nicht zu laut zu sein – es ist für Männer und Frauen eben einfach schwierig, zur selben Zeit in einer Stimmung zu sein, die gleiche Schwingungen hervorruft. Vielleicht ist das aber schon das große Geheimnis? Und vielleicht ist Liebe daher nicht »immerdar«, nicht gleichmäßig über einem Paar oder einer Familie schwebend wie eine rosarote Wolke, sondern immer nur dann spürbar und sichtbar, wenn diese seltenen Momente des »Gleichschwingens« eintreten? Darüber sollte man vielleicht einmal intensiver nachdenken.

Zuhören ist übrigens eine besonders schöne – und leider äußerst selten praktizierte – Grundform von Zärtlichkeit. Die oft weitere Zärtlichkeiten nach sich zieht.

6

Von Männern, Stolz und Schmerz

Männer sind unendlich stolz. Lauter Spanier. Sie vertragen keine Kritik. Noch weniger jedenfalls als wir Frauen. Ihr Stolz verbietet ihnen, um Hilfe zu bitten. Egal ob in wichtigen oder unwichtigen Fragen. Bevor sie zum Arzt gehen, schweigen sie eisern und deuten in ihrem eigenen Psychosaft schmorend lieber alle Symptome falsch. Versinken in dumpfes Brüten oder gefährliche Nervosität und Gereiztheit. Sie machen »instinktsicher« das Gegenteil von dem, was gut wäre. Liebende Frauen legen sich bezüglich der Gesundheit ihrer Männer hochsensible Antennen zu und werden zu indianischen Spurenleserinnen jeder männlichen Geste und jedes Gesichtszuckens.

Bevor Männer nach dem Weg fragen, rennen sie lieber stundenlang halbverdurstend durch die Wüste, versinken mit ihrem Auto in Schlammlöchern, Schneewehen und stoppen das Fahrzeug erst kurz vor Felsklippen. Da verwundert es natürlich nicht, dass Männer sich in sehr persönlichen Dingen nur schwer anderen Menschen anvertrauen und sei es den ihnen nahestehendsten. »Hast du was?« – »Was soll ich denn haben?« – »Du bist so anders als sonst!« – »Quatsch, das bildest du dir ein!« Es gibt garantiert keine erwachsene Frau in der westlichen Welt, die diesen Dialog nicht wortwörtlich kennt. Er nervt, wie kaum ein zweiter. Und er wird weitergeführt werden bis zum Ende aller Tage.

Was wir Frauen aus Männersicht zu viel reden, reden sie zu wenig. Frauen reden miteinander (und übereinander und natürlich über Männer). Über sehr persönliche Dinge. Manchmal bis hin zur Indiskretion, zugegeben. Männer reden nicht mit Männern. Außer über Politik, Autos, Urlaub, Bilanzen – vielleicht noch über das ewige Rätsel Weib, in Form von kleinen, mehr oder weniger guten Witzchen. Aber selten über Persönliches, Dinge und Probleme, die sie in ihrem Innersten bewegen. Nicht wirklich. Als in den achtziger Jahren »Männergruppen« aufkamen, habe ich einen Freund gefragt: »Worüber sprecht ihr denn da so?« Man muss wissen: In dieser Gruppe trafen sich nur Bekannte, die gerade alle mehr oder weniger gleichzeitig von ihren Frauen verlassen worden waren. Mein Freund antwortete: »Dass ihr Frauen alle verrückte Esoterikerinnen geworden seid!« Ich war ziemlich erstaunt, weil ich die Gründe für die meisten der Trennungen kannte – mit Esoterik hatten die nicht das Geringste zu tun. Eher mit eingeschlafenen Gefühlen, mit Wortkargheit und übertriebener Arbeitswut (aber nicht im Haushalt!). Die Männer griffen sich also die nächstliegende, einfachste Erklärung. So lassen sich Erklärungsnöte auch erledigen: Typisch männlich – Grund erkannt, Nachdenken gebannt.

Männer glauben, Gewissheiten zu haben. Zum Beispiel darüber, dass es ein männliches Naturgesetz ist, immer gewinnen zu müssen. Weil Frauen nach Männermeinung nur *behaupten,* Verlierer zu lieben, aber dann mit den Siegern schlafen! (Ach herrje – wenn das wahr wäre, blieben aber die Betten von 95 Prozent aller Frauen ziemlich kalt!) Ich habe vor kurzem einen Boxkampf gesehen, da boxte der Sieger die letzten acht Runden mit gebrochenem Kiefer, nur um sich zum Schluss einen albernen Gürtel um den Bauch hängen zu lassen, der in Alpenländern allenfalls den Kühen beim Almabtrieb zugemutet wird. Der tapfere Krieger im Boxring sah aus wie ein Fisch auf dem Trockenen – zum Gotterbarmen! –, weil er den Mund aufgrund des gebrochenen Kiefers nicht mehr schließen konnte. Seine Höllenschmerzen waren unschwer zu erahnen. Ihr irrt euch, ihr Männer! Das sind nicht die Sieger, die wir Frauen wollen.

Eine weitere althergebrachte männliche Gewissheit ist: Ein Mann hat stark zu sein (warum habt ihr um Himmels willen dann all die Flaschenzüge, Motoren mit Pferdestärken, Bohrmaschinen, Rasenmäher, Motorsägen, Gabelstapler, Kräne und was sonst noch alles erfunden?). Stärke hat im Zeitalter der Globalisierung und des Weltraumtourismus nichts mehr mit Muskelkraft zu tun, das weiß auch die verbohrteste Frau schon längst, und die Kluge hat es immer schon gewusst. Männer, die sich wegen ihrer Muckis anstaunen lassen wollen, treffen dabei nicht auf die erste Garde der Weiblichkeit. Ganz sicher nicht. Sollte den Männern mal jemand sagen.

Auch Begrifflichkeiten wie Unantastbarkeit und Unnahbarkeit, die hinter dem Stolz schamhaft hervorlugen, sind Männlichkeitsvorstellungen aus der Mottenkiste unserer Urgroßeltern. Wahre Mannesstärke im 21. Jahrhundert ist, wenn *er* Nähe ertragen kann. Und weil Männer zwar zum Mond fliegen, aber nicht von dort kommen, sollten sie das alles auch längst wissen. Das bisschen weibliche Emanzipation kann doch nicht ernsthaft als Erklärung dafür dienen, dass das männliche Selbstbewusstsein derzeit offenbar in Auflösung begriffen ist. Dass immer mehr Frauen sich aus unglücklichen Beziehungen befreien und lieber allein leben als in ständiger Unzufriedenheit, stürzt so manch einen Kerl in Depressionen. Wer sollte aber hierfür wiederum mehr Verständnis haben als Frauen? Jahrhundertelang haben sie dieses Schicksal – noch dazu unversorgt, ohne Beruf und daher mittellos – zu ertragen gehabt. Viele haben es nicht überlebt, andere haben sich unter widrigsten Umständen aufgerappelt und durchgewurstelt. (Und das in einer frauenfeindlichen, weil männerbestimmten Gesellschaft!) Nun sind die Zeiten der Hochzeitskerzen mit dem aufmunternden Text: »Und wenn du meinst, es geht nicht mehr, kommt von irgendwo ein Lichtlein her!«, die Bräute von ihren Müttern am Festtag der Vermählung geschenkt bekamen, endlich vorbei. Oder andersherum: Jetzt gilt das viel belächelte Sprüchlein (über das auch ich in jüngeren Jahren noch so manche Stunde Rotz und Wasser geheult habe) eben auch für Männer.

Angesichts von zunehmender Arbeitslosigkeit und dem Zerfall der herkömmlichen Familienstrukturen – so unglücksbringend sie auch gewesen sind oder nach wie vor sein mögen – werden Männer auf ihre eigene Identität zurückgeworfen. Und das ist für manch einen so, als würde jemand an die Tür zu seinem Inneren anklopfen – und da meldet sich niemand. Keiner ruft »Herein!«. Im Glücksfall hört Mann ein zaghaftes Stimmchen flüstern: »Niemand zu Hause!« Das Ergebnis ist: Angst, Hilflosigkeit und Ohnmacht. Die ohnedies zarte Seele unter dem Panzer des Männlichkeitsgehabes wird täglich mehr strapaziert.

Es gibt eine Stunde am Tag, wo das sehr gut zu beobachten ist. Die Stunde zwischen sechs und sieben Uhr abends, von den Barbesitzern »Happy Hour« genannt. Da sitzen sie am Tresen, die Herren der Ringe oder auch ohne, über sich einen Deckenstrahler, vor sich einen Feierabend-Absacker, und brüten über der Bilanz des Tages und über ihrem vermeintlichen oder aber auch tatsächlichen Unglück. Als ich diese Ansammlung von »Durchatmern« in ihrer fatalen Sandwich-Situation zwischen Berufs- und gleich beginnendem Privatleben zum ersten Mal bewusst wahrgenommen habe, erinnerten sie mich spontan an die Küken meiner Großmutter unter der Wärmelampe. Sie drängten sich in der Spreu des Hühnerstalls, und die armen, gelben kleinen Dinger am äußersten Rand, die zu wenig Lampenwärme abbekamen, die waren oft am nächsten Morgen tot. Für die »Happy-Hour«-Männer hält das Schicksal weniger Drastisches bereit. Aber innere Vereisung ist auch eine Art Tod, oder?

Sicher mag es für manch einen Mann heutzutage schwierig geworden sein zu sagen, wo ihm unwohler ist:

in einer immer gnadenloser, schneller werdenden und konkurrenzbetonteren Situation im Berufsleben, oder in einem Privatleben, das ebenfalls so viele neue, ungewohnte Anforderungen stellen kann, dass ein Fallenlassen und Zur-Ruhe-Kommen kaum möglich scheint. So einer hat aus seiner Sicht nur die Wahl zwischen Pest und Cholera. Frauen kennen das. Seit Jahrhunderten. Und die Emanzipation hat daran nur bedingt etwas geändert. Früher war nur eine Person in einer Beziehung unglücklich – die Frau –, heute sind es im Extremfall beide, Mann und Frau. Nun haben Frauen allerdings etwas hinzugewonnen: Mehr Freiheit, Selbstbestimmtheit und Chancen, im Beruf Anerkennung und Erfolg zu finden. (Um den Preis einer Doppelbelastung, falls Kinder da sind.) Da kann sich manch ein Mann schon fragen, was die Wundertüte des gesellschaftlichen Fortschritts denn eigentlich für ihn so bereithält? Wenn er abenteuerlustig und experimentierfreudig ist, kann er Auszeiten nehmen, um als Vater ein paar Monate zu Hause bei den Kindern zu bleiben und eine Beziehung zu ihnen aufzubauen, die einem Gute-Nacht-Sager und einem Wochenend-Papi verwehrt ist. Das ist schön. Gut fürs Gemüt und fürs Menschsein, wenn auch nicht unbedingt den Geist stimulierend – was sich aber durchaus eine Weile genießen lässt, wenn Mann Licht am Ende des Auszeit-Tunnels sieht. Dummerweise hängen an diesem Rollentausch jedoch Versorgungs- und Hausarbeiten, die schon den Frauen so lästig und nervtötend erschienen, dass sie ihnen keine Träne nachweinen. Das Drehen der weichspülenden

Waschmaschinentrommel, das Plätschern der Spülmaschine und die Richterin XY im Nachmittagsprogramm der Privatsender als Begleitprogramm zur täglichen Bügel-Arie – das alles ist Magerkost für den herkömmlichen Mann. Er sehnt sich meist recht bald nach dem blutigen Steak des aushäusigen Lebenskampfes.

Einen Weg, den Männer in diesen Zeiten von Frauenpower und drohendem Job-Verlust gegensteuernd wählen, ist verstärktes traditionelles Verhalten. Hier haben wir ihn – den von vielen Frauen im Austausch gegen das selbst herbeigezüchtete Weichei des so genannten Frauenverstehers wieder herbeigesehnten Macho. Meistens ist der aber nur eine blasse Kopie seines Vaters oder von Filmhelden wie Jack Nicholson und Co. Dabei wirkte beispielsweise der Vater doch auch nur deshalb so »imposant« auf seinen Jungen, weil die Frau an seiner Seite mitspielte und sich dominieren ließ. Heraus kommt bei dieser Retro-Sehnsucht lediglich eine Pappmaché-Variante von Mann, die stets als Tiger springt und meistens als Bettvorleger landet. Was die Sache nicht erleichtert.

Wer nicht in der Lage ist, sich selbst oder verfahrene Situationen zu hinterfragen, wird keinen Schritt aus dem Unbehagen heraus tun – und dabei immer verletzlicher werden. Zu allem Unglück sind weit und breit keine Vorbilder für ein anderes männliches Selbstverständnis zu entdecken: Der erste Mann im Leben eines Mannes – der Vater – hat ihm wenig oder so gut wie nichts beigebracht, was ihm im ersten Jahrzehnt des dritten Jahrtausends von

Nutzen sein könnte: Er hat geschwiegen und sich körperlich entzogen. Oder er war der schon erwähnte Buhmann, der die von der Mutter nicht bewältigten, an ihn delegierten Erziehungsprobleme in Form von mehr oder weniger tauglichen Strafen vollzogen hat.

Oder er hat Frau und Kind verlassen. Oder ist von Frau unter Mitnahme des Kindes verlassen worden. Ein neuer Vater hatte vielleicht nichts zu sagen (oder: »Du hast mir gar nichts zu sagen, du bist nicht mein Vater!«) oder vielleicht zu viel zu sagen (»Dem müssen erst mal Manieren beigebracht werden!«).

Kinder brauchen Vorbilder. Jungs sind in dieser Beziehung bis heute ziemlich benachteiligt. Alte TV-Serien wie »Bonanza«, »High Chaparral« oder »Star Trek« haben schon unseren eigenen Vätern in dieser Hinsicht nicht auf die Beine geholfen. Heutige Quotenrenner wie »Sex and the City« oder »Desperate Housewives« bringen humorvolle Frauen zum Lachen – aber für Männer ist wenig Aufbauendes darin zu entdecken. Dass sie begehrte Jagdtrophäen sind oder als Tölpel dargestellt werden, die auf die blödesten Intrigen reinfallen, ist angesichts der inneren Befindlichkeit der dargestellten Jägerinnen eher desillusionierend für einen nachdenklichen Mann.

Männer von heute werden also weiterhin sehr verletzlich sein. Und wenn ihnen nicht bald etwas einfällt, das nach einem den neuen Gegebenheiten angepassten Selbstverständnis und Selbstbewusstsein ausschaut, dann wird sich das auch nicht ändern. Skepsis ist durchaus angebracht. Denn auch wir Frauen haben ja – wie schon erwähnt – noch keinen Stil gefunden, der unserem frisch errungenen Status der Gleichberechtigung entspricht. Es wäre wünschenswert, wenn die Kreativität der Menschen, egal welchen Geschlechts, einmal in diese Richtung zielen würde. Stattdessen bosseln wir jahrelang lobbybestimmt am Gesundheitssystem und der ultimativen Steuerreform herum, beklagen unsinnigerweise unveränderbare Tatsachen, weinen über verschütteter Milch, lassen uns zu Religionskriegen verführen und hacken zu allem Überfluss auch noch aufeinander ein. Ständige Verletzungen schwächen. Dauernd seine Wunden lecken zu müssen, lenkt vom Leben ab, und Narben bestehen meistens aus dünner Haut.

Wahrer Stolz bedeutet etwas anderes, als aufgesetzte Rollenspiele zu praktizieren. Berechtigter Stolz ist mit Zufriedenheit und Hochachtung vor sich selbst und seiner »Position« in der Gesellschaft gleichzusetzen. In diesem Punkt haben wir alle noch ziemlich viel zu lernen, ganz egal, ob wir Frau oder Mann sind. Schließlich bewohnen wir diesen Planeten gemeinsam. Angesichts seines Zustands haben wir beide keinerlei Anlass, auf unsere Taten besonders stolz zu sein, oder?

7

Von Männern, Kosten und Nutzen

Wir haben alle täglich viele Gründe, uns über die Kerle zu ärgern. Gleichzeitig sind sie aber auch aus den verschiedensten Gründen in vielerlei Hinsicht geradezu unersetzlich. Sonst wären sie wahrscheinlich auch schon längst ausgestorben, wie die Dinosaurier …

Sie können so viele lebensnotwendige Dinge, wie:

- Das Aufschrauben eines Marmeladenglases, das Öffnen von Saft- und Mineralwasserflaschen. Und das Entkorken einer Weinflasche. Niemand kann ein schöneres Plopp erzeugen …
- Das sachgemäße Bepacken eines Auto-Kofferraums vor Urlaubsantritt. Mit oder ohne Verstauungsplan.
- Das Jagen und Erlegen von surrenden, blutsaugenden Mückenweibchen (Mückenmännchen stechen nicht!) im Schlafzimmer.
- Den schnellen Reifenwechsel bei strömendem Regen auf einer nächtlichen Landstraße. Ohne einen Klagelaut.
- Die hundertprozentig richtige Wahl des Weines zu einem besonderen Menü. Und das auf Anhieb und ohne Zögern.
- Bei einer Steigung automatisch und mit traumwandlerischer Sicherheit den richtigen Gang einlegen.
- Mit einem Messerschleifer so umgehen, dass die Schneidegeräte nachher wieder scharf sind.
- Bei Tempo 180 eine neue CD in den CD-Player des Autos einzulegen.
- Die richtigen TV-Kanäle suchen, nummerieren und in die Fernbedienung einprogrammieren.

- Die neue Waschmaschine in null Komma nix anschließen.
- Das rätselhafte Blinken eines Computerdruckers abstellen (auch wenn sie danach nicht sagen können, was für ein Fehler zugrunde lag).
- Salz im Geschirrspüler nachfüllen, bevor alle Gläser heiß, aber fleckig herauskommen.
- Die Espressomaschine auf Touren bringen.
- Aus dem Taiwanesischen übersetzte Bedienungsanleitungen lesen und wissen, was die Formulierung: »Jetzt schalten Sie die Macht ein« bedeutet.
- Den alten Toaster reparieren.
- Wissen, welcher von den Beatles wann »Yellow Submarine« komponiert hat.
- Das Auto bei geschlossenen Fenstern perfekt durch die Waschanlage fahren.
- Flaschen mit Kronkorken auch ohne Öffner aufbringen.
- Aus hundert Whiskeysorten im Regal mit einem einzigen gezielten Griff die Hausmarke herausfischen.
- Dafür sorgen, dass das Mineralwasser (für den Whiskey) nicht ausgeht.
- Eine lästige Fliege ohne Bedauern erschlagen, aber eine Spinne auf einem Blatt Papier fürsorglich wieder ins Freie befördern.
- Jederzeit wissen, welches Wetter gerade in der Toskana herrscht.
- Ein perfektes Pilz-Risotto rühren, ohne nervös und ungeduldig zu werden.

- Datum, Uhrzeit und Ort des ersten Rolling-Stones-Konzerts in Deutschland im Schlaf hersagen.
- Woody Allen zitieren. (»Das Weltall dehnt sich ständig aus, trotzdem findet man keinen Parkplatz in Manhattan!«)
- Wissen, wie der FC Burghausen (where, the hell, is Burghausen?) am vergangenen Wochenende gespielt hat.
- Die deutsche Synchronisation beim Abspielen der neuen »Lost in Translation«-DVD einstellen.
- Den letzten Parkplatz in der Operngarage ergattern.
- Käse mit dem Reifegrad auf den Punkt genau einkaufen.
- Eine Automarke am Geräusch der schließenden Tür erkennen.
- Vor Reiseantritt den Reifendruck prüfen, volltanken und das Auto waschen.
- Die Autobahnplakette für den Brenner schon zu Hause besorgen (damit kein Stopp eingelegt werden muss).
- Instinktiv wissen, wann man einen Schirm *wirklich* braucht – und ihn nur dann mitnehmen, wenn es auch wirklich zum Regen kommt.
- Straßenkarten perfekt auf- und wieder zusammenfalten.
- Harald Schmidt instinktiv immer nur dann einschalten, wenn er auch wirklich gut ist.
- Tropfende Wasserhähne reparieren.
- Den Umsatz von Haarwuchsmitteln zu steigern.

- Wissen, dass die »blaue Mauritius« keine Ferieninsel ist.
- »Singing in the Rain« perfekt pfeifen.
- Ein Billy-Regal aufbauen, selbst wenn die Bauanleitung auf Russisch ist und eine Schraube fehlt.
- Grillkohle zum Glühen bringen, ohne mit Brennflüssigkeiten nachzuhelfen.
- Guten Wein rechtzeitig eine Stunde vor Ankunft der Gäste öffnen, damit er noch atmen kann.
- Schraubenzieher selbst in winzigsten Größen parat haben.
- Alle Uhren noch in der Nacht auf Sommer- oder Winterzeit umstellen.
- Einen Supermarkt-Einkaufswagen, der sich verhakt hat, elegant und ohne Gefluche aus dem Pulk lösen.
- Rechtzeitig die Winterreifenmontage anmelden.
- Den TÜV-Termin im Auge behalten.
- Die Urlaubsan- und -abfahrtstage so planen, dass die Familie in keine unnötigen Staus gerät.
- Für die Zeit der WM einen zweiten Fernseher besorgen, damit Frau und Kinder keine Serienentzugserscheinungen bekommen.
- Die Pfingstrosen hochbinden, damit die schweren Blütenköpfe nicht auf dem Boden liegen.
- Den neuesten Schrei in puncto Haushaltswaren anschaffen (und so einen Friedhof der Küchengeräte entstehen lassen).
- Bei Google die schlaueste Stichwortkombination eingeben und auf Anhieb die richtigen Einträge finden.

- Artikel freihändig aus der Zeitung herausreißen, ohne den Artikel zu beschädigen, den man aufheben will.
- Zeitungen immer rechtzeitig zum Container bringen, damit keine Papierberge entstehen.
- Sich merken, was wann, wo und von wem geschrieben in der FAZ und der NZZ stand.
- Wissen, wo im Keller der Sicherungskasten ist (und wozu und warum).
- Den Geschirrspüler perfekt und platzsparend einräumen.
- Das Sternbild »Der große Wagen« von jedem nächtlichen Standort aus sofort erkennen.
- Die schönsten Storys und Anekdoten von Jimi Hendrix, Janis Joplin und Jim Morrison immer wieder so erzählen, dass sie wie gegenwärtig klingen.
- Auf der Autobahn die Marke eines mit Tempo 200 überholenden Motorrads erkennen. (Es ist nicht immer eine Harley Davidson!)
- Wissen, dass der Boxeraufstand nichts mit den Klitschko-Brüdern zu tun hat.
- Darauf achten, dass die Schlüssel an der Eingangstür beim Nachhausekommen nicht außen stecken bleiben.
- Muhammad Alis Kampf in Kinshasa Runde für Runde nacherzählen.
- Die Werbeprospekte aus den Zeitungen schütteln und sofort entsorgen.
- Sich über die Blasensprache von Politikern und Managern aufregen. Jeden Tag aufs Neue.

- Briefe mit dem Brieföffner öffnen und nicht mit dem Finger im Kuvert herumpulen.
- Immer rechtzeitig den Aschenbecher im Auto leeren, statt die Zigarettenkippen aus dem Auto werfen.
- Rechnungen überpünktlich bezahlen.
- In Notfällen für die Partnerin Tampons und die Antibabypille ohne Murren und ohne Verlegenheitsgemurmel besorgen.
- Für das Vorhandensein von ordentlichen Topflappen in der Küche sorgen.
- Über Flach- und Flüssigkristall-Bildschirmen der neuesten Generation von TV-Geräten im Detail Bescheid wissen (sie aber noch nicht kaufen – »Abwarten, die werden noch billiger!«).
- Die Überprüfungen von Straßen-Tunnel-Sicherheiten in den Medien verfolgen. (»Die, die wir fahren, sind o.k.!«)
- Um Bruno den Bären trauern (und Stoibers Worte vom »Problembär« und vom »Schadbär« ins Sprachrepertoire übernehmen).
- Den Namen jeder halbwegs relevanten elektrischen Gitarre kennen und wissen, wer wann auf welcher gespielt hat.
- Jede Glenn-Miller-Melodie pfeifen.
- Sich darüber aufregen, wenn Elke Heidenreich »Wir Mädels« sagt.
- Auf Italienisch fluchen.
- Nudeln auf den Punkt al dente kochen.
- Echten Cognac von Weinbrand unterscheiden können.

Den ganzen unwesentlichen Rest des Lebens können wir Frauen inzwischen allein bewältigen. Oder etwa nicht?

Von Männern, Frauen und Moral

8

Männer kaufen Frauen – ein alter Vorwurf. Sie tun es, weil es Frauen gibt, die Mann kaufen kann. Selbst hier herrscht also das alte Spiel von Angebot und Nachfrage. Diese Form »sozialer« Marktwirtschaft ist ziemlich alt. Es hat recht scheinheilig begonnen (und ist es bis heute geblieben): Spätestens vor dreitausend Jahren in den Tempeln von Babylon. Geschenke für den Tempel und dessen Er- und Unterhalt galten als gottgefällig, und einen Beischlaf bekam Mann noch obendrauf. Daher hat sich der Begriff »Tempelhure« bis heute im Volksmund erhalten. Unter diesem Gesichtspunkt ist auch die Redewendung, etwas »für Gottes Lohn« zu machen, nicht ganz so harmlos zu bewerten, wie wir Heutigen das oft meinen. Die moderne Variante des ältesten Gewerbes der Welt hat mit den Göttern längst nichts mehr zu tun, nur der Lohn ist geblieben und aus gutem Grund vorher zu entrichten.

Als die Menschheit noch Benehmen hatte und etwas auf Kultur hielt, war Prostitution nicht nur einfach ein Gewerbe, sondern vielmehr eine Kunst. Die alten Griechen waren eben nicht alle schwul, sondern betrachteten die käuflichen Damen (Hetären) als Gesellinnen. Ein attraktiver Körper allein genügte ihnen jedoch nicht: Bei den Säulen unserer Weisheit spielte durchaus neben der ästhetischen Umgebung und Situation ein intelligentes Gespräch, also der Geist, eine wesentliche Rolle, bevor zur Tat geschritten wurde. Das wäre auch heute theoretisch wieder möglich, wenn man bedenkt, wie viele arbeitslose

Akademikerinnen dem Beruf der Prostituierten nachgehen, weil Philosophie und Soziologie etc. zu brotlosen Künsten geworden sind und intellektuelle Putzfrauen mit Misstrauen betrachtet werden. Das Dumme ist nur, dass die meisten Sex-Kunden vom Reden generell – sonst wären sie vielleicht gar nicht bei der käuflichen Liebesdienerin gelandet – und in diesem besonderen Fall schon gar nichts halten!

In der Renaissance stellten die Reichen und Mächtigen bei ihren Festen und Feiern fest, dass es ohne Frauen (und Sex) weniger lustig war als mit. Die eigenen sollten es aber auch nicht sein, weil die Männer Frauen in zwei Kategorien einteilten – in Heilige und Huren. Und die Rolle der Ersteren kam der Gattin zu Hause zu. Da die Ehrfurcht vor Heiligen aber jeden »Spaß« im Keim erstickte, zog man für die Gelage die käuflichen Damen hinzu. Aber auch diese Männergesellschaft hielt noch auf Formen, weshalb die willige und gebildete Frau als Kurtisane ein in jeder Hinsicht gutes und gepflegtes Leben hatte, bei dem sie auch ihren Kopf einsetzen durfte, ja sogar musste. Niemals waren Frauen dem selbständigen Unternehmertum näher als damals. Oft waren es die Kurtisanen, die ihren Liebhabern ratgebend bei ihren Geschäften zur Seite standen oder einflüsterten, Konkurrenten im Bett für sie aushorchten, die raffinierteste Ränke ausheckten, Spionagenetzwerke aufzogen – gegen die jene der NSA und der CIA von heute recht stümperhaft wirken – und Intrigen vom Feinsten sponnen.

Nun werden Sie zu Recht sagen, all das gibt es doch auch heute noch. Irrtum. Die ausgehaltene Geliebte von heute ist im Regelfall eine nicht übermäßig engagierte, aber immerhin berufstätige Frau, die am Wochenende Einsamkeit in Kauf nimmt und dabei nichts anderes im Sinn hat, als ihren Finanzier dazu zu bringen, seine Frau und seine Kinder zu verlassen. Sie hat – im Gegensatz zur Hetäre und zur Kurtisane – keine Freude an ihrem »Beruf«, begreift ihn nicht einmal als solchen. Sondern lediglich als Vorstufe zur Heirat. (Ich möchte noch einmal betonen: ich rede hier von der »ausgehaltenen« Geliebten, nicht von der Frau, die sich dummerweise in einen verheirateten Mann verliebt hat und nun in diesem Emotionsnetz gefangen ist!).

Es ist hier deshalb so viel von Frauen die Rede, weil sie einen wichtigen Teil dazutun, dass sie von Männern gekauft werden konnten (und können): Sie *lassen* sich kaufen. Vielleicht sollte die Formulierung bezüglich dieser Vergnügungen im Luxus eher als »Bestechung« bezeichnet werden. (Ergibt auch einen schönen Doppelsinn!) Denn diese kunstvolle Berufsausübung funktioniert nur im Reichtum.

Aber es gab – und gibt – eben nicht nur die Hetären und Kurtisanen und »ausgehaltenen« Geliebten, sondern zweifellos auch die schmuddeligere Variante in Hauseingängen und dunklen Ecken. Arme Frauen, die nichts anderes zu verkaufen hatten als sich selbst, um sich und ihre Kinder zu ernähren. Und ihre Kunden, arme geile Männer, deren noch ärmere Frauen (durch deren Schuld) nicht aus dem Kindbett herauskamen, gab es auch zu den Zeiten, als die reichen alten Griechen und Römer ihre kunstvoll inszenierten Gastmahle und die Renaissance-Fürsten ihre raffinierten Gelage genossen. Aber dennoch ging es von da an mit dem Stand der Prostitution bergab.

Als die Päpste aufhörten, ihre Doppelmoral offen zu leben, der Adel Kopf und Kragen verlor und als das Bürgertum ein »Stand« wurde, der seine Würde und sein Ansehen bauchschwer und sündenfürchtend vor sich her trug, ging der »Spaß« mit dem Sex in den Untergrund. In diesen Lebensbereichen und Vierteln ist es seit damals dunkel, weshalb Mann rotes Licht braucht, um hinzufinden. Im 19. Jahrhundert schließlich, als wenige fast alles besaßen und »Liebe« zum Brot der Armen wurde, waren viele Mädchen und Frauen gezwungen, nebenverdienstlich dem käuflichen Gewerbe nachzugehen, um überhaupt zu überleben. Die Dienstmädchen und Küchenmägde, die Wäschermädel, die vom Land in die Städte kamen, die kleinen Modistinnen, Weißnäherinnen und Blumenmädchen hatten damals kein Problem mit Bulimie und anderen Luxus-Essstörungen, sondern mit Hungerlöhnen und dem Hunger ihrer Familien. Kunden für die Nebentätigkeit gab es damals wie heute in Hülle und Fülle. Ich bin der Meinung, vor diesen Frauen ist der Hut zu ziehen, denn sich zu verkaufen ist allemal schlauer, als sich vom Dienstherren »unentgeltlich« ein Kind anhängen zu lassen, um dessentwillen man von der Dienstherrin in Schimpf und Schande vom Hof gejagt wurde. Von der Würde der Frau war zu diesen Zeiten keine Rede, und die Betroffenen hatten damals auch nur die Wahl zwischen dem so genannten Anstand und dem Elend.

Die doppelmoralinsauren Bürgerfrauen gingen unterdessen hochgeschlossen und mit Spitzenhäubchen jeden Sonntag zur Messe und – angestiftet von Vertretern einer Religion, deren Spitzenmanager es selbst bis vor kurzem noch wilder als wild getrieben haben – zeigten mit dem Finger auf die Mädchen, mit denen sich ihre Männer gegen Bares vergnügten. Und die Herren dieser ehrenwerten Häuser (übrigens damals wie heute)? Was hat sie nur davon abgehalten, mit ihren Frauen darüber zu reden, was vielleicht sogar gemeinsam Spaß macht? Und was hält viele immer noch davon ab? Wo wir doch so aufgeklärt und locker und sexuell revolutioniert sind? Ich gebe zu, es ist nicht jederfraus Sache, sich beim Sex mit Handschellen fesseln oder in eine Latexhaut einschweißen zu lassen. Aber zwischen der Variante »O Gott, ist schon wieder Samstag?« und den merkwürdigeren Auswirkungen unserer neurotischen Gesellschaft auf das Sexualleben der »Unterdrücker« und sich unterdrückt Fühlenden liegt ja doch ein weites Feld. Und jede Menge Lösungen. SM-Studios und Domina-Angebote schießen wie die Pilze aus dem Boden. Jeder »Sklave Willi« findet gegen Geld seine Herrin.

Angesichts der vielschichtigen, tausendfachen Verstrickungen von Sexualität in alle Bereiche des Lebens muss man eigentlich ergänzen: Nicht nur Geld, sondern im gleichen Maße Sex regiert die Welt. Alle Diktaturen dieser Erde haben zu allen Zeiten Prostitution für ihre Zwecke eingesetzt. Und es müssen nicht gleich Diktaturen sein, auch die mächtigen Demokrat(i)en wissen aus der professionellen Rückenlage ihre Vorteile zu ziehen. Und so mancher Konzern-Controller hat längst offizielle Anweisungen ausgearbeitet, wie ein kundenbestechender Bordellbesuch abgerechnet werden muss, um vor dem Finanzamt Bestand zu haben.

Mich hat immer fasziniert, dass sich Prostituierte angeblich nicht küssen lassen und damit ganz klarmachen, dass der Kunde ihren Körper und nicht ihre Emotionen kauft. Und ich kann gut verstehen, dass es Frauen gibt, die – soweit es ihnen gelingt, die Ekelschwelle so weit abzusenken – lieber ihren Körper verkaufen, als sich für einen miesen Stundenlohn (der immer noch unter dem der Männer liegt! – so viel zur viel beschworenen Würde der Frau!) krumm, bucklig und krank zu arbeiten. Dass sich dieser Beruf – und seit Dezember 2001 ist Prostitution in Deutschland per Gesetz als Beruf anerkannt (manchmal werden hier ja sogar sinnvolle neue Gesetze gemacht) – leider oft in einem Milieu abspielt, mit dem ein »anständiger Bürger« lieber nichts zu tun hat, ist eine andere Frage. Und hat damit zu tun, dass wir die Prostitution immer noch unter verlogenen moralischen Gesichtspunkten betrachten, statt unter sozialhygienischen Aspekten. Oder ist es unlogisch anzunehmen, dass die etwa 400 000 berufsmäßigen Prostituierten (95% weiblich, 5% männlich) in der Bundesrepublik unter anderem dafür sorgen, dass die Quote der Vergewaltigungsdelikte nicht höher liegt als ohnehin?

Aber nicht nur wir im Westen haben uns auf eine scheinheilige Weise mit dem Phänomen der Prostitution arrangiert. Auch in der arabischen Welt, wo Prostitution teilweise mit Haft, in einigen Ländern sogar mit der Todesstrafe aller beteiligten Personen belegt ist, wurde hierfür ein Ausweg gefunden: die so genannte »Genuss-Ehe«. Sie wird für eine Stunde (bis zu mehreren Jahren) geschlossen, nicht ohne jedoch vorher den Pflichtteil für die Ehefrau festzulegen. Es gibt eben für alles eine Lösung, wenn Religion oder Gesetze nicht zum realen Leben passen. Überall auf der Welt.

Zum Schluss wollen wir Frauen auch nicht verschweigen, dass es zu Zeiten der fundamentalen Feminismusbewegung sogar die Hardcore-Ansicht gab, auch Hausfrauen und Mütter verhielten sich wie Huren bzw. würden von ihren Männern dazu gemacht, weil sie gegen ihren Unterhalt ihren sexuellen ehelichen Pflichten nachzukommen hätten. Inzwischen sind wir erfreulicherweise ein Stückchen weiter, deshalb aber insgesamt nicht viel klüger geworden. Während Prostitution als Beruf anerkannt ist, kann man das vom Hausfrau- und Mutter-Dasein nicht sagen. Unter dem Stichwort der vielbeschworenen »Familie« und deren angeblichen Förderung (seit kurzem begleitet vom Medien-Hype über die »überalterte Gesellschaft« und vom Kassandrageschrei »Deutschland stirbt aus!«) gibt es statt des früher üblichen Mutterkreuzes zwar ein paar steuerliche Vorteile für den »Ernährer« eines solchen gemeinschaftlichen Lebensverbandes, plus einer monatlichen »Kindererzeugungsprämie«, aber von einer klar geregelten Bezahlung für die Berufsausübung an Heim und Herd kann gewiss keine Rede sein. Und wie es so ist auf der Welt: Was sich nicht in Heller und Pfennig ausrechnen lässt und sich nicht in Bilanzen niederschlägt, ist nichts wert und hat auch kein nennenswertes Image. Da nützt auch die raffinierteste Werbung (»Ich leite ein erfolgreiches kleines Familienunternehmen!«) nichts. Und berufstätige Frauen werden weiterhin ihre Doppelbelastung in Kauf nehmen – und der Familie, auf jeden Fall ihren Kindern gegenüber, ein schlechtes Gewissen haben.

Ein schlechtes Gewissen haben übrigens auch die meisten Männer, die zu Prostituierten gehen. Selbst die, die nicht verheiratet sind. Die Gesellschaft breitet das Mäntelchen schamhaften Schweigens über den »Frauenkäufer« und das, obwohl es täglich millionenfach in Deutschland geschieht. Es sei denn, die Boulevardpresse erwischt einmal einen Prominenten, der dann stellvertretend für alle anderen an den Pranger gestellt wird. Er wird so lange der scheinheiligen Volksentrüstung preisgegeben, bis ein anderes »Schwein durchs Dorf getrieben« wird. Recht geschieht es allerdings denjenigen, die den Heiligen mimen, und dann als Scheinheilige entlarvt werden. Oder gar in kriminellen Gewässern agieren.

Man könnte es als ungerecht empfinden, dass der »Callboy«, der Mann für gewisse Stunden einsamer Frauen, und der Gentleman vom Begleitservice keine Imageprobleme in der jüngeren, aufgeklärteren Bevölkerung haben. Das liegt aber vielleicht daran, dass der eine oder andere Mann den damit verbundenen Potenzfaktor unterschätzt – so eine »stand by«-Sexualität stelle ich mir psychologisch nicht ganz einfach vor – und derlei lustvoll-lukratives Betätigungsfeld für einen Traumberuf hält. Frauen, die diese Art von Service nutzen, sind ganz sicher selbstbewusst und autark, haben damit also automatisch kein Problem, und diejenigen, die von der Existenz solcher männlichen Dienstleister bisher nur gehört haben, betrachten diesen Berufsstand wahrscheinlich als exotisch, geheimnisvoll und würden sich vielleicht auch gerne mal trauen dürfen …

9

Von Männern, Strom und Sicherheit

Männer haben den Strom erfunden. Und das ist kein Wunder, hibbelig wie sie sind. Stellen Sie sich einmal vor, Sie sitzen auf einer Bank vor dem Sandkasten eines Kinderspielplatzes. Darin agieren zwei Kleine mit blonden Locken, die gleich angezogen, also nicht unterscheidbar sind. Sie spielen mit Sandeimerchen, Förmchen und Schaufeln. Wie erkennen Sie, wer von den beiden ein Mädchen und wer ein Junge ist? Ganz einfach: Der Lockenkopf, der still und vertieft Sandkuchen um Sandkuchen bäckt, ist das Mädel. Derjenige, der von einer Ecke in die andere schießt, um mit dem Eimer größere Sandmassen heranzuschleppen, bevor er zum Förmchenfüllen übergeht, das ist der Junge. Und sobald er sieht, dass die Kleine während seiner Unrast in aller Ruhe und Selbstvertieftheit etwas Kreatives geschaffen hat, wird er wütend. Zuerst nimmt er ihr die Schaufel weg. Wenn sie gutmütig ist, nimmt die Kleine es hin und füllt ihre Formen eben mit den Händen – sie produziert also weiter hübsche Sandkuchen. Da wird er noch wütender und stampft so lange auf ihnen herum, bis die ganze Bäckerpracht dem Sandboden gleich gemacht ist. Nein, Sie irren sich, das ist kein wirklich böser Bube – das ist einfach ein ganz normaler Junge! Ob es uns nun gefällt oder nicht.

Die Ungeduld mit anderen ist eine männliche Hibbel-Eigenschaft. Wie oft haben Sie vor einer Verabredung, kurz vorm Verlassen des Hauses, schon diesen Satz gehört: »Ich geh schon mal vor zum Auto!« (heißt: Ich halte deine Trödelei nicht länger aus)? Es sind seine Geschäftsfreunde, die sie beide gleich treffen werden – trotzdem sind Sie es, die im letzten Moment vor dem Weggehen sieht, dass Er den teuren Rotwein, den er als Gastgeschenk bestimmt hat, in der Küche hat stehen lassen: Während er im Auto sitzt, mit den Fingern nervös auf das Lenkrad trommelt und damit wieder einmal eindrücklich klarmacht, dass Sie immer zu spät dran sind. Auch so ein Vorurteil, diesmal von männlicher Seite: Frauen kommen nicht ständig zu spät. Sie kommen vielleicht morgens außer Puste ins Büro, weil sie für die ganze Familie Frühstück gemacht und die Kleinen noch in Kindergarten und Schule abgeliefert haben, aber sie sind trotzdem pünktlich. Die Zuspätkommer-Einschätzung stammt noch aus grauer Urzeit, als Frauen Taschentücher fallen ließen, um einen Mann zur Kontaktaufnahme zu animieren.

Männer stehen meiner Meinung nach übrigens ständig unter Strom und sind von Rastlosigkeit getrieben, weil sie die Gegenwart nicht ertragen können. Da die meisten Männer mit der Vergangenheit nicht viel am Hut haben – es sei denn, sie sprechen von ihren eigenen, zurückliegenden Großtaten – tun sie alles, um der Gegenwart zu entkommen und in eine hoffentlich vielversprechendere, lorbeerumkränzte Zukunft zu gelangen. Nach dem Motto: »Meine Sandkuchen werden die schöneren sein, also weg mit diesem Mittelmaß«, oder zappelnd vor Ungeduld im Auto wartend: »Das wird bestimmt ein toller Abend, warum zum Teufel brauchst du so lange, lass uns endlich dorthin kommen, wo der Bär steppt!« Diese männliche »Zukunftsorientierung« ist aus meiner Sicht auf eine unstillbare Sehnsucht nach Perfektion und Sicherheit zurückzuführen. Männer glauben, dass es überall schöner und interessanter ist als an dem Ort und in der Situation, in der sie sich befinden. Außerdem: In der Zukunft sind noch keine Fehler gemacht worden. Für das, was in der Zukunft geschehen wird, kann Mann heute noch nicht kritisiert werden. Denn auch das ist eine ewige Männer-Sorge: Kritisiert zu werden! Die Gegenwart ist in diesem Sinne höchst gefährlich und störanfällig. In der Gegenwart könnten Fehler aus der »Vergangenheit« – und wenn die auch nur eine Stunde zurückliegt – zur Sprache kommen, also bloß fort von hier! »Lola rennt« war eine Schnecke gegen das Tempo, das Männer innerlich anschlagen, um vom Acker des Augenblicks zu kommen. Vielleicht lässt sich sogar ihre auffällige Hinwendung zum Alkohol dadurch erklären: In der Bier- und Weinseligkeit dreht die Welt für eine Weile langsamer, der Speed lässt etwas nach und das Zeitgefühl ist im Extremfall aufgehoben. Denn es ist ja auffällig, wie schnell sie immer aus dem Haus kommen wollen und um wie viel sie nach einem kleinen Kneipenexzess zu spät wieder heim kommen! Es könnte also sein, dass Männer nur dann nicht unter Strom stehen, wenn sie ihre flüssige Theken-Phase haben. Vielleicht empfinden sie die Alkoholaufnahme als Oase in der Wüste des Zeitraffers, in der sie leben?

Dieses völlig verdrehte Verhältnis zur Zeit lässt sich auch unschwer im Berufsleben feststellen. Nicht nur Vorgesetzte hassen es, wenn ein Kollege zu langatmigen Erklärungen ansetzt. Dann vereisen ihre Mienen, sie legen ihre Hand aktionsbereit aufs Telefon, während sie sich vom Sprechenden schon halb ab- und ihrem Computer zuwenden. Die härteren Kaliber unter ihnen machen kurzen Prozess und sagen offen, dass sie keinen Bock auf nicht eingedickte Info-Saucen haben: »Machen Sie es bitte kurz und kommen auf den Punkt!« Dahinter steht unausgesprochen der Oldie: »Zeit ist Geld!« Das ist manchmal durchaus berechtigt, aber oft liegt schon da der Hase des Unglücks im Pfeffer, denn es gibt auch Angelegenheiten, die sind komplizierter, als dass sie sich in einer Minute herunterhaspeln oder auf zwanzig Zeilen korrekt vermitteln lassen. Das ist aber genau die Länge, die ein Papier für den Manager von heute nicht überschreiten darf. Für alles, was darüber hinausgeht, verlangt er »Lesehilfe«. Haben Sie sich schon einmal gefragt, warum Männer in Führungspositionen sich lieber Klatsch zu einem Thema oder einer Person anhören, statt ein ordentlich aufbereitetes Papier dazu zu lesen? Die Antwort ist ganz einfach: Klatsch erzählt eine Art Geschichte und die hören Kleine und Große gleichermaßen gern. Geschichten kann man sich besser merken – zumal wenn sie auch noch bösartig und unkorrekt sind, wie das bei Klatsch ja meistens der Fall ist – als aneinandergereihte, trockene Fakten.

Grimms Märchen auf der Chefetage. Wer dieses Metier beherrscht, hat es zu allen Zeiten weit gebracht. Der königliche Hofnarr existiert immer noch, nur ist er heute im Extremfall zum smarten Intriganten mutiert. Dass Frauen Klatschbasen sind, sagt Mann ihnen immer noch nach. Nur: Wir klatschen meistens zum Privatvergnügen, weil wir halt gerne reden und dabei »Seelenschlacken« entsorgen. Man muss sich das in etwa so vorstellen wie weibliche innere Reinigungsfilter, die Ärger und Frust beseitigen. Mit diesem weiblichen Getratsche ist im Regelfall nicht die Absicht verbunden, jemandem zu schaden oder selbst einen materiellen Vorteil zu erlangen. Männer hingegen klatschen und streuen Gerüchte – sie nennen das »mal einen Versuchsballon steigen lassen« – um »Stromstöße« durch die Firma zu jagen und dadurch lästige Konkurrenten oder ungeliebte Tätigkeiten loszuwerden. Das ganze hat »Hibbel«-System und soll schneller zu Erfolgen führen.

Das ständige Elektrisiertsein der Männer lässt sich übrigens in allen Lebensbereichen feststellen – es zieht sich durch. Nachdem Frau dreimal hochnotpeinlich in immer hektischer und lauter werdender Tonlage aus den Tiefen eines Schranks heraus befragt wurde, wo denn das blaue T-Shirt zu finden sei, und der ungeduldige Grantler endlich zu seinem Termin abgedampft ist, lohnt sich ein Blick in seinen Schrank. Der nun bevorstehende Anblick ist allerdings nur etwas für abgebrühte Frauen. Solche mit unendlich viel Ich-lebe-mit-einem-Mann-zusammen-Erfahrung und entsprechendem Geduldspotential. Er hat in dem Schrank gewühlt wie ein Maulwurf. Denn in den liebevoll und sinnfällig eingerichteten Fächern liegt nichts mehr da, wo es hingehört. Alles ist zerwühlt, zerknittert und liegt kreuz und quer übereinander. Wie man nur auf die Idee kommen kann, ein T-Shirt – das übrigens sauber gefaltet bei den anderen in dem dafür vorgesehenen Fach lag – bei den Unterhosen und Socken zu suchen, wird jeder Frau für ewig ein Rätsel bleiben. Ebenso übrigens wie die Merkwürdigkeit mancher Männer, morgens vor dem Hineinschlüpfen kurz an ihren Socken zu riechen, als ob sie über Nacht ein Fremder getragen hätte.

Das drohende Chaos im Schrank verführt so manche Frau auch heute noch, ihrem Zappel-Philipp alles einschlupfbereit hinzurichten, so wie es unsere Großmütter selig auch gemacht haben. Nach dem Motto: Lieber kurz »dienen« als lang aufräumen. Vom Kofferpacken wollen wir gar nicht erst reden. Männer hassen es, wenn aus ihrer schmalen Sicht – sie denken nämlich nur an den Kofferraum des Wagens und damit verbundene »Schlichtungsprobleme« – in den Urlaub zu viel Gepäck mitgenommen wird. »Was schleppst du denn da wieder alles mit? Man möchte meinen, wir wandern aus!« – auch so ein Standardsatz. Sobald sich aber abends auf der Hotelterrasse auch nur das kleinste Lüftchen regt, vermissen sie einen ganz bestimmten Pullover oder ein langärmliges T-Shirt, das sie gerne tragen, oder die graue, leichte Windjacke. Und fragen Frau kopfschüttelnd, wo sie denn beim Packen wohl wieder ihre Gedanken gehabt hätte. Der Hinweis auf die Strickjacke, die oben im Hotelzimmer liegt, wird ignoriert. Wenn Mann nach einer ganz bestimmten Sache der Sinn steht, ist er nicht bereit, Kompromisse zu schließen. In solchen Momenten wird sogar eine Kaschmirjacke für unbrauchbar erklärt, weil sie angeblich kratzt.

Ein entspannter Stadtbummel ist auch im Urlaub nicht möglich, weil Er in einem Affentempo vorausrennt und jedes Stehenbleiben an einem Schaufenster aus einem halben Kilometer Entfernung mit nervösem Kniewippen und entsprechender Miene »kommentiert«. Im Zweifelsfall vermeldet er auch hier laut trompetend, dass er schon mal vorausgeht, in das Bistro – »du weißt schon, welches ich meine …« –, um sich ein Weißbier zu bestellen. Die Kids stehen in dieser Situation zwischen den Fronten und wissen nicht recht, ob sie sich dem Papa anschließen oder bei Mama bleiben sollen.

Einkaufen zu Hause ist nicht viel unkomplizierter. Hat Frau den Partner endlich nach Wochen und Monaten dazu gebracht, dass sie sich gemeinsam nach einer neuen Couch-Garnitur umsehen, schweift sein Blick überallhin, nur nicht zu dem Stück, das Frau gerade mit großem Interesse in die engere Wahl zieht. Bevor sie ihn zur Konzentration ermahnen kann, büchst er aus: »Schau du dich ruhig schon mal weiter um. Ich geh mal schnell nach da drüben, da habe ich ein paar CD-Plexiglas-Regale gesehen. So was suchen wir doch schon lange!« Spricht's und weg ist er. Während in einem Elektroladen nach einem

Tiefkühlschrank im passenden Format für die kleine Kellerecke gesucht wird, rennt er zu den Klimaschränken für Weine. Wenn es also ums Einkaufen geht, spurten Männer überall hin, sind aber keinesfalls da, wo sie gebraucht werden, um zu einer gemeinsamen Entscheidung zu kommen. Ausnahmen sind lediglich Autohäuser, Vinotheken und Musikläden. In Letzteren kann es allerdings vorkommen, dass für den zehnjährigen Junior eine Gitarre als Geburtstags-Überraschung gekauft werden soll, Papa aber stattdessen spontan für sich eine elektrische Fender (Ohne Strom geht's nicht!) erwirbt. Sich an beifallumtoste Zeiten erinnernd, als er in einer Schülerband spielte und ihm die Mädchen zu Füßen lagen – was er der mit großen Augen danebenstehenden, vollkommen verblüfften Partnerin in aller Unschuld erzählt. Die Lippen des Verkäufers umspielt ein wissendes Lächeln, und er lotst den nostalgisch gestimmten Kunden noch geschickt vor die Verstärkerboxen. Spätestens jetzt heißt es für jede Frau: schnell eingreifen. Vor einem Schlagzeug verharrt der völlig beglückte Rocker noch eine Weile träumend, bevor auch er wieder in die Realität zurückkehrt.

Dass Männer ständig unter Strom stehen, rastlos, umtriebig und hibbelig sind, dauernd etwas suchen und ausprobieren müssen, hängt übrigens tatsächlich auch mit

Elektrizität zusammen. Denn in menschlichen Körperzellen wird andauernd millionenfach »gefeuert«. Unsere Synapsen und Nervenzellen – ohne die kein Gedanke gedacht, keine unserer Wahrnehmungen und keine Bewegung stattfinden könnte – arbeiten sozusagen mit körpereigenem Strom. Der Mensch ist so gesehen ein Elektrizitätskraftwerk. Das gilt natürlich für beide Geschlechter – warum die Männer sichtlich stärker unter Hochspannung stehen als Frauen, ist ein Geheimnis der Natur. Sicher ist, dass ohne körpereigene Elektrizität Leben nicht möglich ist. Das kennen wir auch von den kleinen manchmal sogar funkenspringenden »Schlägen«, die wir gelegentlich erhalten, wenn wir bestimmte Kleidungsstücke ausziehen oder jemandem die Hand geben. Und spätestens seit »Emergency Room« wissen wir, dass Herzstillstände mit Elektroschocks behandelt werden. Und so ist es auch schon vor über hundert Jahren folgerichtig von der Schriftstellerin Mary Shelley erdacht worden, dass das aus verschiedenen Leichenteilen zusammengebaute Frankenstein'sche Monster mit einem gewaltigen Stromstoß zum Leben erweckt werden musste.

Zum Schluss wird niemand verwundern, dass drei Viertel unseres gesamten Stromverbrauchs auf die Wirtschaft entfallen und nur ein Viertel auf private Haushalte: Die

Relation entspricht geradezu spiegelbildlich dem männlichen Verhalten im Alltag. Drei Viertel der Zeit, der Gedanken und der Emotionen eines Mannes gehören seinem Beruf (und damit seinem Chef) und nur ein Viertel der Partnerin und der Familie. Bestenfalls. Darum macht den Mann der Arbeitsplatzverlust oder die Pensionierung psychisch oft so fertig. Es werden ihm dadurch drei Viertel seines Selbstverständnisses, ja seiner Identität entzogen. Immerhin gibt es in der jüngeren Generation eine wachsende Anzahl von Männern, die über diese Fehlverteilung ihrer Energie kritisch nachdenken. Während sie das tun, streben immer mehr Frauen genau diese emotionale Unwucht an. Zu unserer Ehrenrettung sei gesagt: unbewusst, weil viele den Sog der mit jeder Berufstätigkeit verbundenen Zusatz-Kraftanstrengung unterschätzen. Und nur durch eigenes Erleben erfahren können/müssen, dass Unternehmen heute vielfach agieren wie Zitronenpressen. Während immer mehr Zappelphilippe den Stecker ziehen und aufhören möchten, Hibbelfrösche zu sein, setzen sich immer mehr Frauen unter Strom. (Das Synonym dafür heißt: Stress.) Freiwillig oder unfreiwillig. Ob das mit irgendwelchen Missverständnissen in Bezug auf Gleichstrom und Wechselstrom zusammenhängt?

10

Von Männern, Balz und Pirsch

Männer sind ständig auf der Jagd. Einer der wenigen, der sich die Anstrengung des Frauenanbaggerns ersparen konnte, war Adam. Er war Gottes Prototyp, und der wiederum war wohl so entzückt von seiner Kreation, dass er ihm mit der Erschaffung der Frau zum Geschenk machte, was dessen Nachfolger durch mühsame Erd-Arbeiten erst erringen müssen. Da war Eva wieder einmal schlauer. Sie ließ sich zum Apfelkonsum hinreißen und gelangte prompt zu Einsichten, die Gott ihr vielleicht gerne erspart hätte. Mitgefangen – mitgehangen!, wurde zwar auch Adam zur Arbeit im Schweiße seines Angesichts verdonnert, aber er kann immerhin guten Gewissens behaupten, er könne nichts dafür. Der Meinung sind die Adams dieser Welt bis heute, aber sie glauben auch, dass sie durch die Bank das Beste aus der Situation machen.

Das Baggern ist der Männer Lust – und Frust! Und sie fangen früh damit an, denn mit nichts kann man einem kleinen Jungen so viel Freude machen wie mit einem Bagger. Der Wunsch nach dem Dasein als Lokomotivführer oder Pilot kommt erst viel später. Und einen Stimmbruch weiter, wenn sie die Schienen der Märklin-Eisenbahn im Keller oder den Himmel über Berlin mittels ferngesteuerten Modellflugzeugs erobert haben. Denn dann fangen sie an, Mädchen und Frauen anzugraben. Die Nummer mit den Pfiffen (schon zu meiner Jugendzeit eine Methode, die nur vom Baugerüst kommen durfte! Da hat sie uns junge Dinger als Bestätigung und Aufpäppelung des Selbstbewusstseins sogar manchmal gefreut, auch wenn wir dazu ein hochnäsiges Gesicht aufsetzten) ist längst out – heute sind mehr oder weniger ausgefeilte Taktiken en vogue. Wir Frauen kennen sie alle, diese Methoden und auch die Typen, die sie anwenden:

Der Charmeur

hat eine natürliche (oder angelesene) Begabung, Dinge zu sagen und zu tun, die Frauen gefallen. Er ist ein Meister der Komplimente (und nicht ganz unschuldig daran, dass sie durch verlogene Varianten in Verruf geraten sind, was kluge Frauen veranlasst, ganz genau hinzuhören). Der Charmeur weiß, dass man Blumen ohne Papier überreicht und wie man einer Frau aus dem Mantel hilft. Dass man ihr den Stuhl zurechtrückt (muss aber gekonnt geschehen, sonst stößt man ihr die Vorderkante der Sitzfläche in die Kniekehlen!) und sich erst nach ihr setzt. Er öffnet ihr beim Ein- und Aussteigen die Autotür, und er weiß, wann man Tulpen, Veilchen oder Rosen schenkt und was mit diesen Blumen jeweils speziell ausgesagt und signalisiert wird. Er wählt instinktiv (oder sorgfältig recherchiert) den richtigen Film, das richtige Restaurant, den richtigen Roman und die passende CD für die Frau, die er im Auge hat. Der Charmeur älteren Datums beherrscht sogar noch den Handkuss – der allerdings junge Frauen verunsichert, zumindest dann, wenn der Jäger auf der Pirsch nicht mindestens einen Jaguar fährt.

Der Charmeur wäre eigentlich wunderbar, wenn Frau nicht wüsste, dass er wahrscheinlich zwei, nein drei Haken hat: Erstens – so kann und wird es nicht ewig bleiben. Zweitens: Der Mann ist eventuell nur ein raffinierter Jäger, den nur das Jagen und nicht das erlegte Wild interessiert. Und drittens: Sein Verhalten ist zu schön, um wahr zu sein – und könnte auf lange Sicht langweilig werden.

Der Gutbetuchte

arbeitet mit Bestechung. Er fährt ein teures Auto (das allerdings auch geliehen sein könnte), kennt die angesagtesten In-Lokale und weiß eine Gucci-Tasche von einem No-Name-Produkt zu unterscheiden. Er schickt (oft übertrieben große) Blumensträuße auch ohne Anlass an die Büroadresse, in denen Kuverts mit Theater- oder Konzertkarten stecken (die im Büro Tuscheleien auslösen). Seine Geschenke sind teuer, aber nicht liebevoll-individuell überlegt. Er gibt zu großzügige Trinkgelder und kennt – angeblich – zu viele Prominente (als dass es nicht wahrscheinlich schwer übertrieben ist). Er würde niemals beim ersten Mal zu einer Tasse Kaffee einladen – es muss schon Champagner sein.

Auch bei diesem Jungen heißt es aufpassen. Die Entscheidung kann nur heißen: Die guten Sachen genießen, aber auf nichts, was er sagt, bauen. Oder dankend verzichten. Der kleinste Anflug von Orangenhaut könnte Anlass dafür sein, dass er das Bäumchen wechselt. Der

Gutbetuchte ist eine schwere Prüfung für den Instinkt jeder Frau: Märchenprinz oder Frosch mit Maske?

Der Frauenversteher
ist ein Nebenprodukt der Emanzipationsbewegung. Oft in einem männerlosen Haushalt aufgewachsen aber zumindest mutterdominiert, hat er den sechsten Sinn für Menstruationsbeschwerden und andere weibliche Achillesfersen und geht damit beim »Aufreißen« auch ungeniert hausieren. Er hört bei allen schwierigen (aber auch normalen) Lebenslagen zu, bis der Angebeteten schon selbst nichts Erzählenswertes mehr einfällt, gesellt sich ohne Murren und Scheu in den Kreis von einem halben Dutzend bester Freundinnen, geht gern mit in den Supermarkt zum Einkaufen, holt die angepeilte Frau vom Frisiersalon ab und berät mit Begeisterung beim Schuhkauf. Er organisiert freiwillig Freiwillige für den Umzug der Angeflirteten, malert und tapeziert, als sei das sein Traumberuf und eckt nirgendwo bei der Weiblichkeit an. Eigentlich ist er die perfekte Frau.

Der Frauenversteher hat mehr als einen Haken. Die wichtigsten: Er ist eigentlich so etwas wie die beste Freundin. Und so eine hat man ja meistens schon. Er ist eigentlich so etwas wie ein Facility Manager, sprich Hausmeister. Der ist aber in der Miete schon drin. Und er ist auf Dauer so langweilig wie Griesbrei ohne Zimt.

Der Naturbursche
ist viel an der frischen Luft und ständig in Bewegung. Sei-

ne Lockmittel sind rauschende Wildbäche (mit halsbrecherischen Kanu- und Kajakfahrten), Hüttenzauber mit Käsefondue (und anschließendem Matratzenlager-Mief für zwanzig Gleichgesinnte), Wattwanderungen (bis die Flut kommt) und Mountainbike-Ausflüge durch aufgelassenes Verhüttungsgelände im Ruhrpott. Er verführt bei strahlend blauem Himmel mit Drachenfliegen, Bungeespringen (nichts für schwache Mägen und Flugangst), Gletscherwanderungen (immer um die Spalten herum, soweit man sie erkennen kann), Tiefseetauchen (aber ohne Luxushotel), vier Skispuren im Pulverschnee (ohne Après-Ski) und Springen übers Johannisfeuer. Und versucht vielleicht mit seiner Mitgliedschaft beim Alpen- oder Seerettungsverein und Greenpeace zu beeindrucken.

Ein Traummann für sportliche Frauen. Die allerdings stundenlange Debatten über die katastrophalen Auswirkungen von Massentourismus, die Überflüssigkeit von Autos und Beton, Globalisierungsauswüchse, Artensterben und sonstige negative Auswirkungen des Kapitalismus aushalten und goutieren müssen. Der Mann baggert zwar unter Zuhilfenahme realer Probleme, die aber leider kaum von ihm (zumindest nicht allein) zu lösen sind, auch wenn er den Eindruck erweckt, als könne er das. Und der Mann wird Wind, Sonne, Wetter und Wellen allein – oder mit anderen – genießen, sobald Frau abweichende Interessen entdecken sollte. (Aber: Unbedingt als Freund behalten!)

Der Anschmachter
hat große, feucht-glänzende Augen, in denen Verehrung (gemischt mit kaum verhohlenem Begehren) und Bewunderung steht. Er ist freundlich, höflich und äußerst zurückhaltend. Was sein Mund nicht sagen kann, sagen Tulpen aus Amsterdam. Nein – Blumen eher doch nicht, das ginge ihm schon fast zu weit! Er hält Türen auf, auch wenn die Angeschmachtete noch zweihundert Meter entfernt ist, kopiert als Bürokollege unaufgefordert Unterlagen, die *sie* interessieren könnten, informiert schon Wochen im Voraus über einen Workshop, der noch gar nicht offiziell verabschiedet ist (damit Frau Bescheid weiß und vielleicht den Wissensvorsprung nutzen kann) und bietet Hilfe beim Tragen einer 250-Blatt-Packung Fotokopierpapier an.

Bei diesem Mann heißt es: Selbst ist die Frau. Wer sich von diesem (auch für alle Außenstehenden) sichtbaren Interesse angesprochen fühlt, muss als Frau die Initiative ergreifen und ihn »zum Kaffee« einladen. Dann wird man weitersehen können, was man mit diesem Distanz-Schmachter anfangen kann/will.

Der Alleskönner
ist Mister »Do-it-yourself« persönlich. Verlorene Auto- oder Wohnungsschlüssel sind kein Problem – er öffnet jede Tür, jedes Fenster und jede Dose, auch ohne professionelles Einbruchswerkzeug oder Dosenöffner. Er weiß, wie man Rosen von Läusen befreit und wie man ein Zugticket per Internet bestellt. Er rettet versalzene Speisen

und legt den perfekten Komposthaufen an, kennt alle Vorwahlen fürs Telefonieren zum Null-Tarif und wie man ein Jahr lang Abos von Zeitungen und Zeitschriften bekommt, ohne je eines bezahlen zu müssen. Er rechnet blitzschnell im Kopf die Quadratmeterzahl für den neuen Teppichboden aus und kennt den Trick, wie man Kürbiskernölflecken aus der neuen Seidenbluse herausbekommt. Er ist der König des Rabatt-Einkaufs und hat ein Netzwerk von Beziehungen, das jedem Kommunikationsgenie zur Ehre gereichen würde. Der Alleskönner besticht nicht mit Geld, sondern mit Taten und (oft ungefragten) Ratschlägen. Er versucht mithilfe seines Talents zu punkten und sich unentbehrlich zu machen. Der Alleskönner ist der fleischgewordene Alltag. Ein Traummann für den Übergang. (Wenn man gerade umzieht, sich neu einrichtet oder für einen Urlaub auf Hawaii spart und sein Geld eine Weile zusammenhalten muss.)

Wer die »Gelben Seiten« auf zwei Beinen sucht, ist mit diesem Typen gut bedient. Der Alleskönner ist unendlich praktisch und bequem für jede Frau, aber er nervt, weil er Antworten auf Fragen gibt, die noch gar nicht gestellt wurden und weil er meistens nicht weiß, wie man das Wort Romantik buchstabiert.

Der Körperbewusste

ist verwandt mit dem Naturburschen, kommt aber ganz ohne Natur aus. Er glänzt mit seinen Muskeln und gesunder Gesichtsfarbe, was er beides geschickt wie ein stolzierender, radschlagender Pfau zur Geltung bringt. Er ist in Fitness-Clubs und Wartezimmern von Ärzten anzutreffen, die sich auf Check-ups spezialisiert haben. Ist freiwilliges Mitglied beim Roten Kreuz, hat dort mehrere Erste-Hilfe-Kurse besucht und weiß genau, wie die korrekte »stabile Seitenlage« eines Unfallopfers auszusehen hat. Er macht sich Sorgen um das Doping-Problem im Sport, arbeitet intensiv an seinem Waschbrettbauch und ist für das generelle Rauchverbot. Zahnseide interessiert ihn mehr als Seidenhemden, und er möchte nicht, dass seine Partnerin die Pille nimmt, weil er um die Thrombosegefahr weiß. In seinem Schlafzimmer steht mindestens ein Trimmgerät, und »Die fünf Tibeter« sind seine Mao-Bibel. Ein interessanter Kandidat unter den Anmachertypen, weil er nicht nur von gepflegtem Äußerem, sondern auch fürsorglich und unglaublich informiert ist.

Aber: Vorsicht ist die Mutter der Porzellankiste! Weibliche Gewichtsschwankungen sind (natürlich *nur* aus gesundheitlichen Gründen, der Mann ist schließlich nicht oberflächlich!) bei diesem Typen nicht erlaubt. Haare färben ist nicht, weil ungesund, und bei jedem Glas Weißwein ist zu hören, dass nur Rotwein (in Maßen!) dem Körper zuträglich ist. Das alles kann auch die problembewussteste Frau nicht auf Dauer entzücken. Kaffee und schwarzer Tee sind verboten, Butter wird durch Margarine ersetzt und überhaupt wird alles getan werden, damit man bei diesem freudlosen Leben mindestens hundert Jahre alt wird! Tolle Aussichten!

Der Familiengründer
ist schon von Kindesbeinen an auf der Suche nach der Frau, mit der er ein Nest bauen kann. Er will mit spätestens fünfundzwanzig verheiratet sein, mit dreißig zwei Kinder und mit fünfunddreißig sein Reihenhaus abbezahlt haben. Mit solchen Ansichten ist er der Traum aller Schwiegermütter, und die sind es auch, die er mindestens so sehr beeindrucken will wie die Auserwählten. Während die ideale Partnerin (sie darf sexy sein, aber nur ein bisschen besser ausschauen als ihre Nachbarinnen, so wie auch sein Auto ein Mittelklassewagen ist) sparsam, fleißig und mit einem stets fröhlichen Lachen auf den Lippen das alles organisiert und damit die Checkliste seines Lebens abarbeitet, sorgt er dafür, dass der Schornstein raucht – er aber in Ruhe seinen beruflichen Interessen nachgehen kann (die ihn in Wahrheit mehr als alles andere interessieren!). Diesen Reißbrett-Lebensentwurf trägt er mit viel Wärme und Überzeugung vor (meint es auch so), das klingt gar nicht nach wildem Jäger, sondern viel mehr nach dem idealen Mann. Frauen, die den »Ganz in Weiß mit einem Blumenstrauß …«-Traum träumen, werden sofort – eifrig beraten von der Mutter – zugreifen.

Der Haken ist nur ein ganz kleiner: Während er unbehelligt vom Alltag immer mehr Spaß an seinem Beruf und seinen Interessen entwickelt (und dabei immer besser wird), könnten später erwachende Frauen-Interessen aufgrund von Kinderaufzucht und hausfraulichen Verpflichtungen auf der Strecke bleiben. (Dann heißt es oft: »Sie ist stehen geblieben, nicht mit ihm gewachsen!« Schon gehört?) Spätes Erwachen, spontaner Frust und Verlassenwerden miteingeschlossen.

Der Intellektuelle
ist »das nervöse Pferd« unter den balzenden Herren, höchst kompliziert, aber ungeheuer spannend. Er weiß (fast) alles besser, aber zumindest immer mehr als andere und hält damit – je nach Temperament – auch nicht hinterm Berg. In seiner verletzlichsten und feinziseliertesten Version ist er ein Zyniker, was nur weibliche Feinschmeckerinnen zu schätzen wissen. (Zyniker leiden an der Unvollkommenheit der Welt und verschanzen sich hinter hart anmutenden Bandagen.) Er raucht oft, trinkt, isst gern gut und ist politisch unkorrekt. Der Intellektuelle fühlt sich in karger Umgebung genauso wohl wie in luxuriösem Ambiente – Hauptsache, die Gesprächsthemen und die Gesprächspartner(innen) regen ihn zu geistigen Höchstleistungen an. Er will auf jedem Gebiet brillieren und dafür bewundert werden. Banalitäten und Dummheit bringen ihn zum Gähnen (und oft auch zur Weißglut).

Mit diesem Mann wird man sich niemals langweilen, allerdings duldet er auch keine geistigen Durchhänger. Einfach vor einer TV-Dokusoap »abhängen« geht bei ihm nicht: Wem der Unterschied zwischen Kant und Schopenhauer egal ist, weil er von beiden noch nie gehört hat, und wer Bacon für eine englische Specksorte hält, wird das intellektuelle Radschlagen nach Pfauenart dieses Typs ohnedies nicht bemerken, weil er sich für so eine Frau ausschließlich dann interessiert, wenn er mit ihr nur kurz ins Bett will. Er braucht Reibung, intelligenten Widerspruch und eine Partnerin, die ihm glaubhaft signalisiert, dass sein Wissensvorsprung nur schwer (wenn überhaupt) einzuholen ist und dass sie das weiß. Ein subtiler Mann, der Dinge, die ihn nicht interessieren, einfach ausblendet. Was den Alltag gelegentlich schwierig machen kann.

Der Geheimnisvolle
legt Köder aus, wie ein raffinierter Waldläufer. Da ein unerwartetes Lächeln, dort ein Wort, das man nicht erwartet hat und ein andermal eine rätselhafte Bemerkung, die man nicht einordnen kann. Er erzählt niemals von sich, hat aber dezidierte Meinungen über den Rest der Welt, die er oft an unerwarteter Stelle loslässt. Er ist ein provokanter Frager und ein brillanter Zuhörer. Sein Schweigen wird kunstvoll inszeniert und verleitet zu den kompliziertesten Vermutungen. Kaum meint Frau, etwas über ihn erfahren zu haben, folgt wie zufällig eine kleine Nebenbei-Information, die das ganze, mühsam zusammengebastelte Vorstellungsgebäude wieder in sich zusammenfallen lässt. So bleibt alles über ihn – seine Herkunft, seine Finanzen, seine reale Lebenssituation – im Halbdunkel und vagen Vermutungen überlassen. Auf Fragen antwortet er mit kleinen Geschichten, die amüsant und so ungewöhnlich sind, dass der Inhalt der Frage beim Zuhören vergessen wird.

Der Geheimnisvolle versteht die Kunst, sich interessant und begehrenswert zu machen. Er hat nicht nur

Haken, sondern auch Ösen: Frau kann nicht erkennen, ob sie es mit einer geschickt getarnten Niete oder einem Hauptgewinn zu tun hat. Was sie natürlich immer neugieriger macht. Er ist ein Überraschungs-Ei auf zwei Beinen. In der Beziehung kann er zum Kampf-Schweiger werden.

An diesen wenigen Aufreißer-Typen – in Wahrheit gibt es natürlich unendlich viel mehr, von den Misch-Varianten einmal ganz abgesehen – lässt sich unschwer erkennen, mit welch raffinierten Methoden die Jäger des zu erobernden Schatzes zu Werke gehen. Manchmal lässt sich bei diesem Spiel gar nicht mehr erkennen, wer die Jäger und wer die Gejagten sind. An dem Punkt wird es aber erst spannend.

11

Von Männern, Wahrheiten und Lügen

Es ist erwiesen, dass Männer besonders gerne am Telefon lügen. Und das hat seinen Grund: Die oder der Angelogene kann nicht sehen, dass die Nase des Schwindlers länger wird! Sie halten die Geschichte von Pinocchios Lügennase für ein Lügenmärchen? Irrtum. Wissenschaftler wollen festgestellt haben, dass sich beim Lügen vermehrt Blut im Kopf, speziell im Bereich der Nase, ansammelt und die Nase dadurch größer wird. In Extremfällen so sehr, dass man das mit unbewaffnetem Auge erkennen kann. Vielleicht ist das der Grund, weshalb Politikern nachgesagt wird, dass ihr Beruf anfällig für Alkoholismus macht und sie gerne mal einen oder auch mal mehrere miteinander trinken gehen? (Eine gute Idee, denn auf diese Weise kann man langfristig die Lügennase nicht mehr von der des Alkoholanfälligen unterscheiden.)

»Lieber lügen als kurze Beine« könnte durchaus ein männliches Lebensmotto sein. Auch jenseits des Telefons. Wenn Männer lügen, spielen drei Dinge immer eine Rolle – Glaube, Liebe und Hoffnung. Der Lügner hofft, dass man ihm glaubt. Er will durch die Lüge einen Vorteil erlangen (zum Beispiel weiterhin geliebt und akzeptiert zu werden). Und er glaubt, durch die Lüge eine verbotene Handlung verdecken zu können, um dadurch Kritik, Liebesentzug und Strafe zu entgehen. Das unterscheidet Frauen und Kinder nicht von Männern. Komisch ist nur, dass Kerle wegen völlig überflüssiger Sachen lügen. Als säße ein böser Kobold auf ihrer Schulter, der ihnen Unsinn einflüstert und sie zu unnötigen

Schwindeleien verführt, um ihnen Schwierigkeiten zu bereiten.

»Ich komme heute etwas später, der Meier hat mir in letzter Minute eine Planänderung aufs Auge gedrückt!« – diese abendliche Telefon-Ansage kennt jede Frau. Und in neunundneunzig Prozent aller Fälle mag sie sogar stimmen. Darauf beschließt sie, sich kurz mit ihrer Freundin in der Eck-Kneipe zu treffen, um den Plan für die Kinderbetreuung der nächsten Woche zu besprechen. Und wer spaziert, kaum hat man sich gesetzt, am Kneipenfenster vorbei? Der Ehemann, angeregt plaudernd mit einer – auch noch sehr viel jüngeren, durchaus ansehnlichen – fremden Frau. Frau bekommt den berühmten dicken Hals, lässt sich der Freundin gegenüber nichts anmerken (hofft, dass die nicht gesehen hat, was sie selbst gesehen hat) und strebt innerlich kochend nach Hause. Wo sie den vermeintlichen Lügner mit vibrierenden Nerven erwartet. Der kommt, schmeißt sich erschöpft auf die Couch (»Ich war kurz bei McDonald's, hab's nicht mehr ausgehalten!«) oder stürzt zum gedeckten Küchentisch, das Aufgewärmte erwartend (»Ich komm um vor Hunger, was gibt's denn?«) und jammert darüber, dass die Arbeitsorganisation in der Firma immer heilloser und unerträglicher wird. Und wie sehr es ihn ärgert, immer der letzte im Büro zu sein. Frau stellt – mühsam und wortkarg Anteilnahme heuchelnd – eine »Fangfrage« nach der anderen, kommt in ihren Erkenntnissen jedoch nicht weiter, weil er stur über den abendlichen Einsamkeitsfaktor im Büro nörgelt. Da reißt ihr der Geduldsfaden, und sie konfrontiert den vermeintlichen Lügner mit ihrer skandalösen Beobachtung. Der Ertappte wird zuerst verlegen und mimt dann den Empörten: »Das war Meiers Assistentin, und wir mussten den ganzen Kram farbkopieren. Das geht bei der Größe der Pläne nur auf dem Spezialkopierer in der Gruberstraße, und es geht nur zu zweit.« Aber er sagte doch, der Letzte und ganz allein im Büro gewesen zu sein? »Mein Gott, Meiers Häschen, die zählt doch gar nicht!« Warum er das alles denn nicht gleich gesagt habe? »Weil es so unwichtig ist, als würde in China ein Sack Reis umfallen. Und weil ich schon im Voraus gewusst habe, was dabei herauskommt. Dumme, unnötige Unterstellungen und völlig überflüssiger Streit – wie wir jetzt gerade einen führen!«

Eine typische Geschichte, wie sie jeden Tag tausendfach vorkommt. Er war also nicht allein im Büro. Das hat er nur erzählt, um sich bemitleidenswert und ein bisschen wichtiger zu machen. Die Assistentin des Chefs wurde nicht erwähnt, weil ... ja, warum eigentlich? Und selbst auf bohrendes Nachfragen – kein Wort darüber. Daraus kann Frau doch nur schließen, dass der gute Mann in Gedanken (und die sind ja eigentlich frei, aber dadurch umso gefährlicher) gesündigt hat. Und wegen dieser seiner Gedanken ein schlechtes Gewissen hat. Das stiftet Frau zum Grübeln an. Will er etwa fremdgehen? Ist er schon fremdgegangen? Hat sich in seinem Verhalten in letzter Zeit etwas verändert? Er ist nicht mehr so aufmerksam und zärtlich wie früher, das steht schon einmal fest. Will er die Familie womöglich verlassen? Panik. Misstrauen. Beziehungsstress. Kein guter Land in dieser Zeit. Für niemanden in der Familie.

Männer – die meisten zumindest – sind das personifizierte schlechte Gewissen. Sie hatten schon als kleine Jungs ständig Angst, bei irgendetwas ertappt zu werden, was verboten war. Und verboten war in ihren Augen fast alles. Also lag der Verdacht nicht fern, jederzeit etwas Verkehrtes gemacht zu haben. Etwas, von dem der Junge immer erst wusste, dass es mit Verbot und Strafe belegt war, wenn es schon zu spät war. Wenn wir uns an unsere Pubertät zurückerinnern, müssen wir feststellen, dass es uns doch allen so gegangen ist – egal ob Mädchen oder Junge.

Ich erinnere mich noch an meine Zeit des ständigen schlechten Gewissens. Wenn nur ein etwas längerer, nachdenklicherer Blick der Erwachsenen auf mich fiel, ging ich in Gedanken schon zitternd mein inneres Sündenregister durch. Haben sie gemerkt, dass ich die elterlichen Nachttischschubladen durchforstet habe? Wie hätte ich aber sonst je ein Präservativ zu Gesicht bekommen sollen – das ich im ersten Moment für einen seltsam geformten Luftballon hielt? Ist ihnen aufgefallen, dass eines fehlt? (Ich musste das aufgerissene ja verschwinden lassen. Erstens bekam ich es nicht mehr richtig zusammengerollt, und die Verpackung war auch nicht mehr heil zu machen.) Haben sie bemerkt, dass ich die Campari-Flasche nach der letzten heimlichen Party mit Himbeerwasser aufgefüllt habe? Manche dieser »Untaten« hatten geradezu absurde Folgen. Nach einer dieser unerlaubten Partys stellte ich beim Geschirrspülen fest, dass eine Tasse von Mutters teurem Service einen Sprung hatte. Ich kratzte mein gesamtes Taschengeld zusammen, lieh mir bei meinem Opa den notwendigen Rest, um in Windeseile eine nachzukaufen. Die beschädigte warf ich weg. Versenkte sie tief unten in der Mülltonne. So tief wie einige Zeit zuvor das Präservativ. Ein paar Wochen später hörte ich meine Mutter erstaunt erzählen: »Da war immer eine Tasse mit Sprung. Die ist nicht mehr da – es fehlt aber auch keine. Das Ganze ist mir rätselhaft!«

Auf jeden Fall geht der Druck in der Brust eines Halbwüchsigen nie weg. Lügen scheinen das einzige probate Mittel zu sein, einigermaßen dagegenzuhalten. Ich weiß nicht, mit welchen inneren Sündenlisten Jungs in dieser Zeit zu kämpfen haben. Aber es ist beispielsweise sicher nicht angenehm, Flecken in der Bettwäsche zu hinterlassen (für die man anfangs gar nichts kann) und zu wissen, dass die Mutter sie beim Bettenmachen entdecken wird. Und natürlich gibt es daraufhin eine gemeinschaftliche, unausgesprochene Verabredung des Schweigens. Dieses drohende Schweigen lastet wie eine Dunstglocke über einem, und ein dumpfes Unrechtsgefühl nistet sich fest in der Brust ein. Mein tägliches schlechtes Gewissen gib mir heute! Wir haben alle reichlich davon bekommen!

Warum Mädchen diese Lügen-Zeit einfacher hinter sich lassen, kann ich nur vermuten. Ich war jedenfalls dermaßen froh, der elterlichen Aufsicht in die Freiheit entronnen zu sein, dass die Lügereien und das schlechte Gewissen bald automatisch dem Stolz der Eigenbestimmtheit und einem immer kräftiger werdenden Selbstbewusstsein wichen.

Von einer jungen Frau wird zunächst gar nichts Weltbewegendes erwartet: Sie soll was lernen, möglichst nicht ungewollt schwanger werden und keinen unakzeptablen Freund anschleppen. Und möglichst gut aussehen. Junge erwachsene Männer haben es da vielleicht etwas schwerer. Von ihnen wird ungleich mehr erwartet. Ein rascher und guter Studienabschluss, sofort danach ein gut dotierter Job mit Aufstiegschancen, sportliche Leistungen, weil die das Ansehen in der Gesellschaft heben und dergleichen mehr. Und während sie versuchen, das zu bewerkstelligen sind sie hinter Mädchen her, wollen sie erobern (und ins Bett kriegen) und müssen erst noch herausfinden wie. Diese Mädchen-Wesen sind rätselhaft, fremd, gleichzeitig aber auch irgendwie wie die Mutter, nur jünger. Vielleicht sind diese fremden Frauen aber auch so streng und anstrengend wie die Mutter? Aber: Keine zu kriegen ist peinlich, schon wegen der anderen Kerle, die immer von tollen Abenteuertaten erzählen. Also wird mitgelogen, dass sich die Balken biegen. Gleichzeitig herrscht in diesen anstrengenden Anfangsjahren Studiums-, Berufs- und

Karrierestress. Und meistens Geldmangel. Wie man all das bewältigt, bekommt der Jungmann zwar täglich in den Medien vorgespielt – leider geht es in der Realität aber nicht so einfach nachzumachen. Da ist es also schon wieder, das Gefühl, alles verkehrt anzustellen. Irgendwie scheint es mir, als würden Männer in diesem Punkt langsamer reifen, als Frauen das tun.

Und »so macht Gewissen Feige aus uns allen« (sagt Shakespeares Hamlet – und wahrscheinlich hat er sich und seine Geschlechtsgenossen gemeint).

Angeblich lügt jeder Mensch zweihundertmal täglich. 41% der Lügner tun das, um sich Ärger zu ersparen und die Verantwortung für ihre Handlungen oder Unterlassungen nicht übernehmen zu müssen. (Das sehen und hören wir jeden Tag in den Nachrichten.) 14% lügen, um sich das Leben zu erleichtern (»Na klar, das hab ich schon längst erledigt, wird gerade fotokopiert!«), 8% tun es, um ihre Beliebtheit zu steigern (»Küss die Hand schöne Frau, Ihre Augen sind so blau …«), 6% tun es aus Faulheit (»Diesen Artikel haben wir leider nicht mehr auf Lager!«). Untrennbar mit der Lüge verbunden ist die Sprache – denn Emotionen lügen nicht, und die Körpersprache hat schon so manche Lüge enttarnt –, aber auch der Faktor Zeit. Wer keinen Stress hat, braucht nicht schwindeln, weil er seine Arbeit nicht pünktlich fertig stellen kann. Die Wahrheit ist eine Tochter der Stunde.

Es gibt ein paar geschlechtsunabhängige Merkmale, die helfen können, Lügen zu erkennen:

- Abschweifender Blick, dem Gegenüber nicht in die Augen schauen können
- Verschränkte Arme vor der Brust (das kann aber auch eine ganz normale Distanzierung sein)
- Starre Haltung, Unbeweglichkeit von Armen und Beinen
- Kratzen im Gesicht, unruhiges Herumzupfen an der Nase und den Ohren (das kann aber auch normale Nervosität oder Aufgeregtheit sein)
- Erröten und rote Flecken im Gesicht (in dem Fall hat man es jedoch nicht mit einem Profi-Lügner zu tun)
- Ständiges Lippenlecken mit der Zunge
- Längeres Überlegen auf Nachfragen (das kann aber auch der Wunsch sein, eine kluge und korrekte Antwort zu geben)
- Übertriebene Gesichtsmimik
- Unbewegliche Augen, starrer Blick
- Auffälliges Blinzeln und Augenzudrücken
- Vergrößerte Pupillen

- Übertriebene Gestik und nach außen gedrehte Handflächen
- Veränderung der Sprache (in Dialekt verfallen, Wörter auf ungewohnte Weise aussprechen, sich beim Sprechen verhaspeln)
- Höhere Tonlage der Stimme
- Das Gesprochene widerspricht der Mimik und der Körpersprache

Wie gesagt, das alles sind keine Beweise dafür, dass jemand lügt. Ich zum Beispiel verfalle in meinen Heimatdialekt, wenn ich mich außerordentlich wohl, gelöst und geborgen fühle. Das ist für das Gegenüber ein großes Kompliment, weil ein absoluter Vertrauensbeweis. Und ich erröte – quasi stellvertretend –, wenn mein Gegenüber eine Peinlichkeit begeht.

Gleichzeitig habe ich einen großen Teil meines Berufslebens einen Job gehabt, von dem viele glauben, dass er mit der Lüge auf du und du ist: Ich war Pressesprecherin. Doch dass man dabei die phantastischsten Unwahrheiten erzählen kann, ist ein großer Irrtum. Zumindest dann, wenn man für seinen Arbeitgeber oder das »Produkt«, um das es geht, wirklich etwas erreichen will. Pressesprecher, die lügen, sind selten erfolgreich, zumindest nicht lange. Frauen wissen und praktizieren das. Auch Werbung die lügt, ist ihr Geld auf Dauer nicht wert. Denn Konsumenten haben ein langes Gedächtnis, auf jeden Fall aber deren Geldbörsen.

Dass im – immer noch vorwiegend männerbestimmten – Geschäftsleben mit harten Bandagen gearbeitet wird, dass ausgefeilte Taktiken und Tricks angewandt werden und manipuliert wird, dass die Schwarten krachen, ist nichts Neues. In diesem Tohuwabohu stecken Männer mittendrin. Jeden Tag. Es ist also kein Wunder, dass sie auch im Alltag Wahrheit für eine kleine Münze halten und das Echo der professionellen Unwahrheiten ins Privatleben hallt. Mit der Wahrheit auf ausgeklügelte Weise selektiv umgehen, können Frauen eindeutig besser als Männer. Da Frauen im Durchschnitt die Wirklichkeit wesentlich besser verkraften können als Männer, lügen sie angeblich auch um zwanzig Prozent weniger als ihre männlichen Sparringspartner. Und anders. Viel raffinierter.

Männerlügen haben meistens mit dem Job zu tun (»Dem hab ich's aber gegeben!«, »Die Gehaltserhöhung ist fest verabredet!«, »Ohne mich kriegen die sowieso nichts auf die Reihe!« u. Ä.), mit Autos (»Ich krieg noch 8000,– für den Gebrauchten, und ein Bekannter verschafft mir zehn Prozent für den Neuen!«, »Der Schlitten fährt zwanzig Prozent schneller, als der Tacho anzeigt!« und »München–Wien in drei Stunden ist gar kein Problem!«) oder der Freizeit (»Den New York Marathon laufe ich locker in drei Stunden!«) und natürlich mit Frauen und Partnerschaft. Frauen haben eine wesentlich kleinere Lügenpalette: Da geht es vorwiegend um Lügen bezüglich ihres Gewichts und ihres Alters, sie runden Schuh-, Kosmetik- und Klamottenpreise nach unten ab und schwadronieren über gemachte »Schnäppchen«. Partnerschafts- und Beziehungslügen stehen bei ihnen an letzter Stelle.

Die Lüge ist in der Welt, seit es Menschen gibt. Damit werden wir uns abfinden müssen. Es gibt allerdings eine Sorte, die ist wirklich verheerend, und zwar ganz egal, welchem Geschlecht man zugehört. Sie heißt Selbstbetrug. Dafür braucht man kein Telefon, denn in diesem Fall ist die Leitung nach innen blockiert. Kein Freizeichen. Immer besetzt.

Von Männern, Wünschen und Visionen 12

Angeblich stehen sie immer parat – für alles mögliche. Am Beispiel dieses Satzes lässt sich zeigen, dass die Verschmelzung eines Vorurteils mit einem selbst gewählten Image zur unheilvollen Falle werden kann. Aber sehen wir vom Sexuellen einmal ab. Dann stimmt es. Männer sind in jeder Hinsicht sehr verführbar. Bevor sie – auf Geheiß ihrer Frau – ihre Gitarre einpacken und wegräumen, nehmen sie sie noch einmal kurz zur Hand und probieren aus, ob die Riffs, die sie vor drei Wochen geübt haben, noch sitzen. Dann fällt ihnen ein, dass Dean Martin einmal gesagt hat, Proben sei nur etwas für Feiglinge. Das gefällt dem Mann, der eigentlich eben noch sein Zimmer aufräumen wollte. Also sprintet er zum Computer, um nachzusehen, ob es bei YouTube ein Dean-Martin-Video zu sehen gibt. Gibt es. Sogar mehrere. Er entscheidet sich zunächst für die angetrunkene Version von »Blue Moon«. Die zärtliche Whiskey-Stimmung bringt ihn auf die Idee, »Marilyn Monroe« in die Suchfunktion einzutippen, und schon sieht und hört er der unvergessenen Schönen zu, wie sie dem Präsidenten das berühmte »Happy Birthday« singt. Dann folgen ein paar historische Clips von den »Platters«, Lee Marvins »Wandering Star« kommt ihm wie zufällig unter die Augen und ein paar Johnny-Cash-Aufnahmen. Inzwischen sind Stunden vergangen, Frau ruft zum Abendessen und fragt harmlos, ob das Zimmer jetzt herzeigbar und für die Schwiegermutter bewohnbar ist. Denn die ist ab morgen für ein paar Tage angesagt und ihretwegen stand die Aufräum-Aktion überhaupt an. Und was haben wir jetzt? Genau – angespannte Stimmung.

Genauso anfällig für Zeitvergessenheit ist der Mann, der ein bestimmtes Buch in seiner Bibliothek sucht. Obwohl die perfekt aufgeräumt und nach einem unschlagbaren, von ihm selbst erdachten System geordnet ist, fallen ihm bei der Suche nach einem bestimmten Brecht-Zitat vorher mindestens drei andere Werke des Augsburgers in die Hände, in die er sich versenkt. Ein anderer will in der Garage nur mal schnell nach Blumendraht suchen und verschwindet für Stunden: Freund Bernd kommt mit seiner nigelnagelneuen Suzuki vorbei, fängt ihn vor der Garage ab und nimmt ihn zu einer spontanen Probefahrt mit. Ganz gegen seinen Willen natürlich, das Ganze kam fast einer Entführung gleich …

Männer sind wirklich allzeit bereit, sich vom Gegenwärtigen ablenken zu lassen. Oder wie sonst hätte die Menschheit Amerika entdecken sollen? Dass eigentlich ursprünglich Indien im Visier war, spielt dabei keine Rolle. Sag einem Mann, dass es auf der Landkarte irgendwo noch weiße Flecken gibt – er wird sofort eine Expedition ausrüsten. Gib zwei kleinen Jungs leere Konservenbüchsen und eine Schnur in die Hand, sie werden das Telefon neu erfinden. So wie die großen Jungs herausfinden, wie lange und wie tief sie ohne Sauerstoffgerät tauchen können und ab welcher Höhe ihnen in den Bergen Tibets die Atemluft ausgeht. Andere werden sich mit Kirschkernweitspucken zufriedengeben oder mit Baumstamm-Weitwerfen, so wie die Schotten das heute noch gerne tun. Da ist er wieder, der Unterschied zwischen Männern und Frauen: Uns Frauen interessiert weniger, wie weit ein Mann einen Baumstamm werfen kann (was hat das auch für einen Sinn?), sondern schon viel eher, ob der Schotte unter seinem Röckchen eine Unterhose trägt. Womit wir doch wieder bei den so genannten »Kronjuwelen« des Mannes wären.

Dass Männer körperlich allzeit bereit sind, ist eine Legende. So wie die meisten Menschen Potenz ganz einseitig mit der männlichen Erektion verwechseln. Potenz meint zunächst ganz »wertfrei«: Kraft, Stärke und allgemeine Leistungsfähigkeit des Menschen. Eigenschaften, die Erfolg und sogar Macht zur Folge haben (können), egal ob damit geistige oder wirtschaftliche Macht gemeint ist. Jene Macht und Stärke, die wir Frauen den Männern bezüglich ihrer Erektion unterstellen (die wir gepaart mit ihrer körperlichen Stärke je nach Situation gleichermaßen wünschen wie fürchten), ist zunächst ein Reflex, der willentlich nicht zu beeinflussen ist. Der Auslöser sitzt im unteren Rückenmark von Mann *und* Frau und wird durch optische Wahrnehmungen, aber auch durch Gedanken (hier hört die Unschuldsvermutung auf), Gerüche und Berührungen stimuliert. Männliche Erektionen kommen oft »aus heiterem Himmel«. Der Säugling erlebt sie ebenso wie der älteste Greis. Sie erfolgen beispielsweise regelmäßig bei jedem gesunden Menschen während der REM-Phasen des Schlafes. Dass die männliche Erektion aufgrund der Größe seines äußeren Geschlechtsorgans sichtbar wird und bei der Frau die sehr viel kleinere Klitoris im Verborgenen »blühen«

kann, ist von der Natur nun mal so eingerichtet. Aber nicht nur Männer sind mit Schwellkörpern ausgestattet, die den Penis um das Vierfache vergrößern können, auch die weibliche Klitoris hat sie. Dass kleine Ursachen große Wirkungen haben können, betrifft also auch uns. Männer sind mit dieser so sichtbaren »Männlichkeit« oft geradezu geschlagen und aus meiner Sicht nicht unbedingt zu beneiden. Wenn sich diese teilweise unsteuerbare »Automatik« im ungeeignetsten Moment einstellt (im Freibad oder nach dem Sport unter der Dusche), ist das für die meisten Männer ebenso peinlich, wie wenn sie im entscheidenden Moment ausbleibt. Der vielzitierte, gut gemeinte, aber saublöde Frauensatz »Das macht doch nichts, das kann doch jedem passieren!« haut noch ein Pfund Salz in die offene Wunde des verletzten männlichen Stolzes. Die modernen Zeiten, die es Frauen erlauben, auch in Liebesdingen die Initiative zu ergreifen, sind bedrohlich und belastend für Männer. Eine kluge Frau wird daher zwar – wenn ihr danach ist – unmissverständlich signalisieren, dass sie an körperlichem Kontakt interessiert ist, aber niemals von sich aus »handgreiflich« werden, solange sie dazu nicht eindeutig eingeladen wird. Das ist nicht nur der Preis für die Gleichberechtigung, sondern auch selbstverständliche, diskrete Rücksichtnahme auf den sexuell »Schwächeren«, also den, der bei der körperlichen Liebe auf eine bestimmte anatomische Funktion angewiesen ist.

Eines der hässlichsten Wörter, das Frauen für Männer erfunden haben, ist »Schlappschwanz«. Damit haben wir nachgewiesen, dass nicht allein Männer für den Sexismus zuständig sind. Und mit der unschlagbaren Treffsicherheit unserer spitzen Zungen können wir die schwächste Stelle des Mannes erwischen.

Die Erektionsfähigkeit des Mannes ist ein ewiger Quell von Spekulationen, Unterstellungen und Angebereien. Als ich in Büchern zu diesem Thema las, bin ich auf eine traurig-komische Geschichte gestoßen, die man sich über den mythenumwobenen italienischen Geiger Niccolò Paganini erzählt. Er litt offenbar an der Krankheit, die man Priapismus nennt. Das ist eine krankhafte Form von Dauererektion, die nicht nur über Stunden, sondern über Tage anhält, äußerst schmerzhaft ist und irreparable Schäden zur Folge hat, da sie die Schwellkörper im Penis zerstört. Paganini begab sich in die Behandlung des berühmten Arztes Samuel Hahnemann, musste die Behandlung jedoch abbrechen, weil er sich – unglücklich – in Frau Hahnemann verliebte. Der berühmte »Teufelsgeiger« war also in Bezug auf seine Männlichkeit nicht ganz so vom Glück verfolgt wie hinsichtlich seines Talents, mit einer Geige umzugehen. Und hatte wohl ziemlich häufig Wahrnehmungen, die sein Erektionszentrum am unteren Rückenmark stimulierten. Er ist mit dieser »Reizbarkeit« offensichtlich Frauen gegenüber nicht sehr zartfühlend umgegangen, wie seine Biographen zu berichten wissen.

Ganz unabhängig vom Sex kommen Männer durch ihre oft ungezügelte Neugierde, durch ihre Ablenkbarkeit (von fast allem, was Frauen wichtig ist) und ihren Willen, immer und überall die Ersten, Sieger und »allzeit bereit« zu sein für alles, was da »draußen« auf sie warten mag, in ziemlich ausweglose, ja sogar tragische Situationen. Sydney Pollack, der Regisseur von »Tootsie« und »Jenseits von Afrika«, hat darüber einen ungewöhnlichen, leider aber relativ unbeachteten Film gedreht: »Der elektrische Reiter«. Er beschreibt darin, wie der erfolgreiche, prominente Rodeo-Reiter Sonny Steele (dargestellt von Robert Redford) zum heruntergekommenen Werbe-Hampelmann eines Konzerns wird. Sonny war die gefeierte Nummer eins im Rodeo. Aber niemand kann ewig die Nummer eins bleiben. Also wird er zum »elektrischen Reiter«, der mit einem leuchtenden Glühbirnchen-Kostüm auf einem edlen Rassepferd für Cornflakes und andere Produkte wirbt und dabei viel Geld verdient. Seine Ehe geht so kaputt wie seine Ehre – Sonny versinkt im Suff und fällt bei seinen Werberitten auch schon einmal aus dem Sattel. Das Pferd, das er bei diesen Auftritten reitet, ist eines der teuersten und edelsten Rennpferde der

USA und gehört Sonnys Arbeitgeber. Als Sydney Pollacks Held erfährt, dass man das Tier regelmäßig mit Steroiden vollpumpt, dreht er durch und haut mit dem Pferd ab. In voller Glühbirnenmontur hinein in die Nacht. (Wer diese Szene gesehen hat, wird sie nie vergessen. Sie erinnert ein wenig an Storms Novelle »Der Schimmelreiter«.) Von seinem Rodeo-Sieger-Stolz und seinem damit verbundenen Selbstbewusstsein ist ihm außer der Liebe zu diesem Tier, das ihm gar nicht gehört, nichts mehr geblieben. Er will es in die Weiten des »wilden Westens« retten. Worauf eine Verfolgungsjagd und eine Medienschlacht der heute üblichen Sorte beginnt. Das ist aber nicht das Wichtige an dem Streifen. Der Film zeigt auf fast schmerzhafte Weise das Dilemma unserer heutigen Lebensweise am Beispiel eines Mannes, der sich selbst allem entfremdet hat, was er unter »Mann-Sein« versteht. Pollack enttarnt unsere glitzernden Pseudowelten und führt vor, wie sehr wir uns von allem unwiederbringlich entfernt haben, das unser naturverbundenes Menschsein ausmacht und noch immer als »Programm« in uns vorhanden ist. Sein Held Sonny sucht nach Verwurzelung, nach Heimat. Heimat jedoch nicht als einen geographischen Ort, sondern als einen der Innenwelt. Genau das haben Kritiker und Publikum dem Regisseur offenbar durch Verweigerung übel genommen: Denn Pollack desavouiert mit diesem Film eine Außenwelt, in der subjektives »Daheimsein« nicht mehr möglich zu sein scheint.

Mir hat dieser Film, der äußerst raffiniert mit unglaublich schönen Bildern des weiten amerikanischen Westens und mit guter, unverlogener Country-Musik arbeitet, sehr viel über männliche Innenwelten und Sehnsüchte gesagt. Seitdem glaube ich zu wissen, dass Männer starke, schmerzliche Defizite empfinden und sich nach klar strukturierten Verhältnissen sehnen. Da sie das im Berufsleben und in der Politik offenbar nicht hinkriegen, kaufen sie Zigarettensorten, die ihnen das freie Leben von Cowboys vorgaukeln, und lesen auch als Erwachsene immer noch »Donald Duck«. Auch die ungebrochene Beliebtheit von Westernfilmen überall auf der Welt lässt sich damit erklären. Dieses Genre ist in seiner ursprünglichen Ausprägung zwar momentan nicht mehr ganz so chic und anderen Themen gewichen. Aber wer genau hinschaut, wird erkennen, dass »Krieg der Sterne« oder »Star Trek« auch nichts anderes beschreiben als Weidekriege und ähnliche Ressourcenkämpfe, nur eben in anderem Setting. Einer dieser alten, im wilden Westen spielenden Klassiker zeigt recht deutlich, wie sich Männer ein gutes, gerechtes Leben vorstellen: »Fluss ohne Wiederkehr«. Einen Schurken besiegen und dessen (schöne) Frau von der Hure zur Heiligen zurückverwandeln und mit ihr seinen Sohn ordentlich und mit den richtigen Werten großziehen. Sie meinen, das sei ein typischer, banaler Hollywood-Stoff? Zugegeben, dass Marilyn Monroe die Frau aus schrägem Milieu gespielt hat, war kein schlechter psychologischer Schachzug. Aber ich lasse es mir nicht nehmen: Robert Mitchums Geschlechtsgenossen kommen bei diesem Film nicht nur wegen Marilyn ins Träumen.

Nun, wahr ist auch, dass die Welt nicht mehr mit einer

Winchester und Mannesmut allein ins Lot zu bringen ist. Auch wenn so manch ein Weltenlenker in Cowboy-Stiefeln zum Entsetzen der restlichen Menschheit genau nach diesem Muster vorgeht. Dass die blaue Kugel, auf der wir leben, so kompliziert und undurchschaubar geworden ist, hat allerdings weniger mit uns Frauen zu tun als mit den Erfindern der modernen Zivilisation, den Herrn der Welt des schönen, elektrischen Scheins. Und das waren bis vor kurzem und sind in Wahrheit immer noch – Männer. Was mit Steinäxten und primitiven Pflügen einmal ganz harmlos begonnen hat, ist zu Daniel Düsentriebs unergründlicher Erfinderwerkstatt verkommen, in der sich kein Schwein mehr zurechtfindet.

Vielleicht ist es gar kein Zufall, dass die weibliche Emanzipation zu einer Zeit ins Spiel gekommen ist, als denjenigen, die bis jetzt konstruiert, geforscht und geleitet haben, wegen des selbst verursachten, undurchschaubaren Chaos ratlos geworden sind. Vielleicht muss in dieser Werkstatt einfach mal ein bisschen aufgeräumt werden, damit die Schrauben und Dübel, die unsere Welt zusammenhalten sollen, nicht kreuz und quer zwischen dem Werkzeug und halbfertigen Konstruktionsplänen herumliegen? Wer Frauen den Unterschied zwischen einem Nagel, einer Schraube und einem Haken erklärt (den sie in Wahrheit ohnedies längst kennen), kann sicher sein, dass sie die entsprechenden Schubladen nicht nur richtig, den Arbeitsabläufen gemäß, nebeneinander platzieren, sondern sie auch leserlich beschriften. Frauen begreifen schnell (schneller, als Männern oft lieb ist), und sie verstehen es, Freude und Erfolg mit anderen zu teilen. Wir werden Spaß daran haben, diese Werkstatt zu erforschen und sachgemäß aufzuräumen. Damit Männer nach ihrem Ausritt wieder ans Konstruieren gehen können. Vielleicht liegt dann da ja auch in der aufgeräumten Werkstatt die Skizze eines faszinierenden (weiblichen) Plans bereit, der nur noch ein paar männliche Ideen braucht, um nicht nur perfekt, sondern sogar genial zu sein? Und während Frau dann ebenfalls Pause macht und sich aufs Pferd schwingt, kann er zu schrauben und zu schweißen anfangen. (Aber bitte nicht wieder die alte Unordnung schaffen – seid so gut!) Und die Endmontage erfolgt dann gemeinsam.

13

Von Männern, Geld und Lässigkeit

Wenn es ums Geld geht, ist von den Sprachhemmungen der Männer nicht mehr viel zu merken. Da sprudelt eine wortreiche Kreativitätsquelle, von der Frau auf der zwischenmenschlichen Ebene nur träumen kann. Wenn es um den Jackpot des Erfindungsreichtums in Sachen Synonyme für Geld ginge, hätte der Mann schon abgeräumt. Es lohnt sich, diese unvermutete Wortgewandtheit näher zu betrachten:

Kohle – das ist das Nummer-eins-Wort für Geld in der lässig-praktischen Anwendung. Man sagt ja auch: »Diamonds are a girl's best friends« – Diamanten sind ja auch nichts anderes, als eine besondere Form von Kohle.

Zaster – war ein Lieblingswort der berühmten Donald-Duck-Übersetzerin, das sie der Panzerknackerbande, sooft es ging, in den Mund legte.

Penunzen – dieses liebenswerte Wort haben wir aus dem Polnischen übernommen, doch geht es ursprünglich auf das lateinische *pecunia* zurück. Das bekanntlich nicht stinkt.

Aber damit ist die Hitliste der männlichen Wortschöpfungen für Geld noch lange nicht zu Ende:

Asche (ja, so leicht verrieselt so mancher Betrag zwischen den Fingern), Bimbes (ja, wessen Stimme aus der Pfalz haben wir denn da plötzlich wieder im Ohr?), Cash (heißt mit zweitem Namen nicht Johnny, sondern »flow«, denn der Rubel muss rollen), Draht, Eier, Euronen (über die sich die meisten Teutonen noch immer nicht freuen), Fett, Flocken, Flöhe, Holz (nicht das vor der Hütte, das gehört in die Abteilung Sexismus), Knaster, Knete, Koks, Kröten (die so flott von dannen hüpfen – im Gegensatz zu den Igeln, die manch ein Geizkragen in der Hosentasche hat), Mäuse, Mücken, Moos (ohne das angeblich nichts los ist), Piepen, Pinke, Pulver, Schnee, Schotter (für diejenigen, denen Kieselsteine zu klein sind), Taler (die, in denen Onkel Dagobert einmal am Tag badet) und nicht zuletzt: Diridari (wozu die Bayern die berühmte Reiberei von Daumen und Mittelfinger erfunden haben).

Sogar für »kleine Münze« ist von einem Mann ein Begriff erfunden worden. Dabei hat allerdings derjenige, der uns Deutschen etwas von *peanuts* erzählen wollte, gehörig die Größenordnungen verwechselt. Zwar stehen die Dinger in jeder Bar schüsselweise herum, als Zahlungsmittel können sie allerdings – zumindest im Hotel- und Gaststättengewerbe – nicht verwendet werden, so viel man weiß. Nicht einmal ein »falscher Fuffziger« funktioniert. Mit dem darf sich so manche Frau dafür im Beruf – und wenn sie Pech hat – auch im Privatleben herumschlagen.

Männer und Geld. Das ist nicht nur in diesem Buch ein Kapitel für sich. Böse Zungen behaupten, dass viele Männer, hätten sie die Wahl zwischen viel Geld und einer rundum tollen Frau, sich immer fürs Geld entscheiden würden. Weil, so ihre Begründung, die tolle Frau ganz von selber dazukäme. Ist wahrscheinlich auch nicht ganz verkehrt, denn da, wo teure Schlitten vor dem Haus stehen, finden sich immer auch jede Menge attraktiver Frauen. Auch Frauen sind verführbar. Wobei Männer in Literatur und Filmen den Satz »Ich will um meinetwillen und nicht wegen meines Geldes geliebt werden!« sehr viel seltener sagen als Frauen. Das liegt aber vielleicht auch ein bisschen mit daran, dass es sehr viel weniger Frauen gibt, die dieses »Problem« haben.

Männer lieben Geld um der Macht willen, die es verheißt. Frauen lieben Geld, um es auszugeben und um der Sicherheit willen, die es ihnen im Leben gibt – in dieser Reihenfolge. Das ist ein Unterschied, den ich jetzt nicht moralisch werten will. Die Sage von König Midas kann das vielleicht ganz gut verdeutlichen: Midas war nicht der Klügste. Er wollte aber unbedingt weise sein, weshalb er den für seine Klugheit berühmten Lehrer von Dionysos kidnappte und ihn nur gegen die Erfüllung eines Wunsches wieder freigab. An dieser Stelle der Geschichte ist zu erkennen, dass Midas nicht nur dumm, sondern auch gierig war, denn er wollte, dass alles, was er mit seinen Händen berührte, zu Gold würde. Dionysos erfüllte ihm diesen Wunsch. Doch Midas wurde schon bald klar, dass er sich damit den Hungertod an den Hals gewünscht hatte, denn natürlich wurden auch alle Lebensmittel zu Gold, noch bevor er sie zum Mund führen konnte. Er kam bei Dionysos angeschlichen und bat um Rücknahme der Wunscherfüllung. Der riet ihm, in einem Fluss zu baden und so die Kraft der Goldverwandlung an diesen abzuladen. Es funktionierte – und in dem Fluss in der Türkei, in den Midas der Sage zufolge stieg, wird bis heute noch Gold gefunden …

Es gibt sie heute noch – ganz ohne Dionysos – die Männer, denen alles zu Geld wird, was sie anfassen. Nicht viele, aber es gibt sie. Und diejenigen, denen das nicht gelingt, wünschen es sich zumindest. Einmal Bill Gates sein, oder zumindest Google oder YouTube erfunden zu haben, das wär's. Die berühmte Idee, die dem Gelddrucken entspricht. Dann könnte man alles kaufen, was man nur will. Gesundheit, Glück, Liebe – und Frauen kämen ganz von selbst hinterher.

Männer bestechen nicht nur mit und durch ihr Geld, sie haben ihm einen Rang auf dieser Welt eingeräumt und diesen Rang überall auf dem Globus mit Gewalt durchgesetzt, der mehr als verhängnisvoll ist. Alle unsere kulturellen Errungenschaften des friedlichen Zusammenlebens, unsere hart erkämpften Rechte und Werte (für die viel Blut geflossen ist), die wir im Lauf der Menschheitsgeschichte erdacht und installiert haben, drohen über der Sucht nach Geld zum Teufel zu gehen. Und damit wir uns recht verstehen – wir Frauen machen dabei teilweise kräftig mit. Vielleicht wiederholt sich die Paradies-Geschichte mit dem Apfel gerade wieder? Nur dass diesmal Adam der Gesetzesbrecher ist, weil er mit Geldscheinen winkt? Denn es sind immer noch die Männer, die in Machtfragen dieser Art das alleinige Sagen haben. Die paar Evas, die versuchen, ganz oben mitzumischen, haben sich auf deren Vorgaben eingelassen, »weil die Welt nun mal so ist, wie sie ist«.

Früher, zu Zeiten der vielgescholtenen 68er und der Friedensbewegung, hat man noch oft den Satz gehört: »Ich setze doch keine Kinder in *diese* Welt!« Und wurde dafür als verträumt und naiv gescholten. Heute hat sich die Begründung für Kinderlosigkeit gewandelt. Jetzt heißt es: »Wir können uns kein Kind (man merke, es ist überhaupt nur noch von der Einzahl die Rede!) leisten!« Was meistens nicht diejenigen sagen, auf die es zutrifft. Aber vielleicht setzt sich ja doch – besser früher als noch später – wenigstens die Erkenntnis durch, dass Autos keine Autos kaufen können, was mit der Erkenntnis, dass man Geld nicht essen kann, in etwa gleichzusetzen ist.

Fest steht, dass Geld zu haben, enorme Lässigkeit gestattet. Lässig zu sein, zählt heute zu den begehrten Eigenschaften und ist etwa mit dem neudeutschen Wort »cool« gleichzusetzen. Lässige Männer haben einen guten Ruf bei Frauen. Sie haben keine feuchten Handflächen, sind selbstbewusst und ungestresst, haben den neuesten Hit und den hippsten Spruch auf den Lippen und ein Stamm-Reisebüro, so wie andere Leute einen Hausarzt. Lässige Männer erfinden alberne Moden: Sie tragen keine Socken in ihren Slippern, krempeln sich die Sakko-Ärmel bis zum Ellbogen auf und tragen den Pullover auf dem Rücken mit vor der Brust verschlungenen Ärmeln. Lässige Männer sind durchtrainiert und immer braungebrannt, tragen auch bei Regen eine (hochgeschobene) Sonnenbrille, machen ihre Geschäfte per Handy, während sie in schicken Schlitten (oder auf Motorrädern) durch die Stadt flitzen, und sie haben anscheinend mehr Freizeit als andere. Lässige Männer reden nicht über Geld, sie tun so, als hätten sie es, und tragen es bündelweise, von silbernen Klammern gehalten, in der Hosentasche. Brieftaschen sind für Spießer. Kleine Münzen auch. Lässige Männer rauchen nicht mehr, und lässige Männer kaufen nicht im Supermarkt ein, sondern lassen sich ihre Lebensmittel vom Feinkostladen bringen. Behaupten sie zumindest. Was man bei all dieser Lässigkeit nicht weiß, ist, ob Mann sich das wirklich beziehungsweise auf Dauer leisten kann.

Vor vielen Jahren war ich aus beruflichen Gründen Gast auf der Prominenten-Kundenparty eines Lamborghini-

Händlers. Die sündteuren Traumautos parkten das ganze Viertel voll. In meiner Naivität gratulierte ich dem Gastgeber dazu, dass es noch immer so viele reiche Leute gebe, die sich seine Automarke leisten könnten. Er lächelte, neigte sich verschwörerisch meinem Ohr zu und flüsterte: »Wie viele dieser Autos sind Ihrer Meinung nach bezahlt?« Auf mein verblüfft gestottertes »Na alle, denke ich doch?« erfuhr ich – selbstverständlich vertraulich – eine Prozentzahl, die mich fast umwarf. Keine dreißig. Da sitzen sie also auf lauter gepumpten Pferdestärken. Mein lieber Mann. Lässig geht die Welt zugrunde.

Von Männern,
Muskeln und Kraft

14

Starke Marke, der Mann an sich. Ohne Zweifel. Vierzig Prozent (also fast die Hälfte!) der Gesamtkörpermasse eines Mannes bestehen aus Muskeln. Wovon jeder Mensch – also auch wir Frauen – etwa sechshundert besitzt. Dermaßen gut von der Natur ausgestattet, gibt es allerdings trotzdem gar keinen Grund, groß anzugeben und dauernd seine Stärke ins Feld zu führen. Die Pferde wiehern ja auch nicht dauernd von ihrer einen PS. Außerdem kann Mann von Glück sagen, dass es keinen Wettbewerb zwischen Tier- und Menschen-Männchen gibt. Da würde unser muskelbepackter Eisenhans nämlich ganz schön dumm dastehen. Zum Beispiel, wenn es um Schnelligkeit geht: Ein Gepard erreicht nämlich – aus dem Stand lossprintend – die 100 Stundenkilometer-Geschwindigkeit in 3,6 Sekunden. Das entspricht der Leistung eines Porsche Carrera GT. Dieses Tempo bringt ein Mann aus eigener Kraft nicht einmal dann auf, wenn er vor der Hausarbeit davonläuft. Oder Benzin im Blut hätte – wie eine Autowerbung den Mann lockt.

Auch wenn es ums Gewichtheben geht, sähe der stärkste Mann der Welt, Hossein Rezazadeh, gegenüber dem neun Zentimeter langen und 25 Gramm schweren Nashornkäfer nicht gut aus.

Der kann nämlich das 850fache seines Eigengewichts auf seinem Rücken tragen. Würde der menschliche Schwergewichts-Weltmeister (der 263,5 Kilogramm stemmt und selbst stattliche 163 Kilo wiegt) mit diesem mitteleuropäischen Krabbeltier gleichziehen wollen, müsste er 54 000 Kilo heben.

Der männliche Wunsch nach (noch mehr) Stärke ist aber nicht nur auf natürliche Weise in seinem Körperbau angelegt, er wird schon von klein auf forciert. Die Gesellschaft und die Umwelt helfen gehörig nach. Während das kleine Mädchen von Onkeln und Tanten mit »Na, du süße Kleine?« begrüßt wird, kriegt der Junge »Hallo, Sportsfreund! Wie geht's den Muckis?« zu hören, begleitet von einem Abtasten der Oberarmmuskeln. Und Millionen von Müttern stopften so viel Spinat in die kleinen Kerle hinein, dass er oben wieder herauskam. Was bezüglich der erhofften Wirkung zudem noch ein Irrtum war, weil den Ökotrophologen vor langer Zeit das Komma bei der Messung des Eisengehalts von Spinat in die falsche Richtung verrutscht war.

Die Spinatlegende hat auch »Popeye«, den glupschäugigen Comic-Seemann mit dem in die Unterarme verschobenen Bizeps, zum Kraft-Berserker werden lassen. Er füllte sich dosenweise mit den grünen Blättern ab und imponierte seiner geliebten Olivia Oyl (mit der so undamenhaften Schuhgröße 57) durch gigantische Beweise seiner Stärke. Und das alles mit einer Pfeife im Mundwinkel und einem (wegen des Pfeifenrauchs) zugezwickten Auge. Dabei war Popeye ursprünglich nur eine Nebenfigur in dem weltbekannten Comic von E.C. Segar. Aber schon nach seinem ersten Auftritt neben Olivia Oyl (Olivenöl!), ihrem Bruder Castor Oyl (Rhizinusöl!) und Freund Ham Gravy (Bratensaft!) räumte er alle Sympathien ab und rückte in den Mittelpunkt der Serie, die Kult wurde. Das dürfte das erste und letzte Mal gewesen sein, dass dem

Durchschnitts-Mann an sich eingeleuchtet hat, dass gesunde Ernährung durch Gemüse große Wirkung haben kann. Was mich auf folgenden Gedanken bringt: Warum erfinden die Leute im Familien- und Gesundheitsministerium nicht einmal eine Comicfigur für Erwachsene und Kinder, um gegen die Folgen von Schokoriegeln und Fast Food anzukämpfen? Vielleicht sollte Popeye einen Sohn bekommen, den man dafür einsetzen könnte? Und der bei jeder Nicht-Spinat-Mahlzeit fragt – so wie Popeye das oft tat – »What, no spinach?«.

Heute ist es ja so, dass viele der sechshundert männlichen Muskeln ziemlich arbeitslos sind. Nachdem Abertausende Generationen von Männern es satt hatten, ganze Gebirge allein mit ihrer Muskelkraft ab- und woanders wieder aufzubauen, haben sie angefangen, den Flaschenzug, das Rad und andere Hilfsmittel zu erfinden, die ihren Muskeln Erleichterung verschaffen sollten. Es ist für die Chinesen heute noch eine Kränkung, dass man die 6350 Kilometer lange Chinesische Mauer, das größte Bauwerk der Welt, eben *nicht* vom Weltraum aus sehen kann, so wie die Legende seit Beginn der Weltraumfahrt es wissen wollte. Die armen Kerle, die Generation um Generation sich daran zu Tode schufteten – nur um die Mongolen abzuwehren, die darauf einfach die Richtung änderten und woanders einfielen –, hätten diesen postumen Triumph eigentlich verdient!

Allein der Gedanke, dass die achtzig heute noch bekannten Pyramiden Ägyptens nur mit primitiven Werkzeugen aus Kupfer, Stein und Holz erbaut wurden, stellt uns bis heute vor Rätsel. Der griechische Geschichtsschreiber Herodot machte dazu zu seiner Zeit folgende Rechnung auf: Der böse Pharao Cheops zwang seine Untertanen außerhalb der Saat- und Erntezeiten zur Arbeit an seiner Pyramide: zehnmal 10 000 Mann je drei Monate im Jahr und das zwanzig Jahre lang. Da man Sprengstoff noch nicht kannte, wurden alle für die Pyramiden verwendeten Steine mit Steinwerkzeug aus dem Fels gebrochen – und von weither an die Baustelle geschafft! Um diese Steinblöcke auf Holzrollen und Schlitten zu transportieren, wurden Nadelhölzer aus dem syrisch-palästinensischen Raum importiert. Die notwendigen Seile waren aus Palmfasern, Gräsern, Papyrus und Flachs gemacht. Riesige Rampen mussten gebaut werden, um die gewaltigen Quader auf den Holzrollen und -schlitten an die Baustelle und nach den Anfängen im »Parterre« in die ständig anwachsenden Höhen zu transportieren. Was würden die alten Ägypter für Augen machen, wenn sie nur einen einzigen Blick in den heutigen Hobbykeller eines Mannes oder gar in einen Baumarkt werfen könnten? Und sich wundern über das Gezeter und Geziehe eines modernen Mannes, der gerade mal zwei Bilder aufhängen muss und aus dem Einkauf der passenden Dübelschrauben (denn die drei Dutzend, die er dahat, sind leider, leider in diesem Fall genau die verkehrten) eine Staatsaktion macht. Wer heute auf der Autobahn mit seinem Pkw von ganzen Brummi-Geschwadern behindert und aufgehalten wird, sollte mal kurz eine Gedenkminute für die alten Chinesen und Ägypter einlegen. Und den schlauen Männern ein Dankesgebet widmen, die all diese Maschinchen erfunden und damit das Menschen- und Männerleben so erleichtert haben.

Und weil auf dem Gebiet der Muskelentlastung schon alles erfunden wurde, was man sich nur vorstellen kann, hat Daniel Düsentrieb seinen Erfindungsgeist in geradezu spinöse Luxushöhen getrieben. Als ich noch ein Kind war, gab es bei normalen Leuten noch keine Rasenmäher. Weder mechanische, die ja immerhin noch ein wenig muskulöse Schubkraft benötigten, noch gar motorbetriebene. Männer und Frauen konnten gleichermaßen gut mit der Sense umgehen. Abends wurden die Sensenschneiden am Schleifstein von den Männern erneut scharf gemacht und Dellen mit gleichmäßigen Hammerschlägen herausgedengelt. (Dengeln – auch schon lange nicht mehr gehört, dieses Wort, stimmt's?) Dann kam der Rasenmäher, dieses »Golfgerät für Arme«. Aber selbst dieses Hinter-dem-Gerät-Hergehen war manch einem Mann offenbar noch zu viel. Ein neues Arbeitsspielzeug musste her: Heute sitzt der Mann, der »in« sein will, auf einem kleinen, traktorähnlichen Gefährt und kurvt mit ihm – rasenmähend – kunstvoll durch sein kleines Reihenhausgärtchen. Und im Herbst, wenn es keinen Rasen mehr zu kürzen gibt, sausen die Männer mit einem Laubstaubsauger durchs Gelände, weil die bunten Blätter zusammenzurechen viel zu leise und viel zu langweilig wäre. Abgesehen davon, dass damit jede Menge nützliches Getier vom Boden geblasen wird. Und leider bleibt die Liebe der Männer für nützliche Geräte auf den Garten beschränkt: den Staubsauger in der Wohnung in die Hand zu nehmen, ist unter der Würde so manch eines Garten-Spielmanns.

Wo soll denn aber nun all die potentielle Kraft der sechshundert Muskeln eines Mannes der Gegenwart angesichts der zahlreichen tollen Konstruktionen hin? In die Muckibuden? (Zu denen kommen wir noch, ein bisschen später.) Weit gefehlt! Sublimieren heißt das Zauberwort. Oder wozu und weshalb glauben Sie, sind all die männlichen Traumfiguren namens Superman, Batman, Spiderman und wie sie alle heißen, erfunden worden? Superman beispielsweise: Der Mann der Zukunft. Seine Erfinder Jerry Siegel und Joe Shuster ließen ihn in den dreißiger Jahren des vorigen Jahrhunderts vom Planeten Krypton kommen. Er kann fliegen, ist stark wie eine Lokomotive und schneller als eine Pistolenkugel. Zur Tarnung arbeitet er als Journalist beim »Daily Planet« in Metropolis (unschwer als New York zu identifizieren) und ist Gründungsmitglied der Gerechtigkeitsliga (der auch Batman und Wonder Woman angehören). Superman ist eine Ikone der Popkultur geworden, und selbst Stars wie Marlon Brando oder Gene Hackmann waren sich nicht zu schade, bei den Filmversionen mitzuspielen. Star-Autor Mario Puzo (der Vater des »Paten«) erdachte Drehbücher und sensationelle Gag-, Trick- und Stunt-Szenen, die Filme lockten mit Plakat-Slogans wie »Sie werden glauben, dass Sie fliegen können« weltweit Millionen in die Kinos, vom Erfolg der Computerspiele gar nicht zu reden. Die Titel der Superman-Filme sprechen Bände: »Allein gegen alle«, »Der stählerne Blitz« und »Die Welt am Abgrund«. Und verraten eine Menge über die Phantasien unserer Jungs. (Eine Autowerbung setzte auch genau da an: »Für Jungs, die damals schon Männer waren.«)

Spiderman wurde schon ein bisschen anders gestrickt: Der Waisenjunge Peter Parker, außenseiterischer Brillenträger und naturwissenschaftlich interessiert, wurde von einer radioaktiv verseuchten Spinne gebissen und entwickelt danach überproportional große Kräfte. Er ist außergewöhnlich schnell, kann Wände hochklettern und ist mit einem hochsensiblen Sinn für Gefahren ausgestattet. Sein Verantwortungssinn ist überdurchschnittlich ausgeprägt und macht ihn zum Helden, er leidet aber gleichzeitig unter Schuldgefühlen, die sich in Form von Depressionen ausdrücken. Bei der Entwicklung von Spidermans Comic-Charakter haben die Erfinder trotz der üblichen Kraftmeierei also schon einen etwas genaueren Blick auf die Befindlichkeit des modernen Mannes geworfen.

Bei Batman schließlich, dem Fledermaus-Mann, der so

vielen anderen Männern dann ihre Spitznamen bescherte (»Genschmän«, »Marlboromän«) spielen übernatürliche Superkräfte gar keine Rolle mehr. Er ist sozusagen eine bionische Figur, nützt also die natürlichen Muskel-Ressourcen eines Mannes aus, gepaart mit Intelligenz, Willenskraft, hartem Training und raffinierten technischen Hilfsmitteln. Da ist die Phantasie also fast in der wünschenswerten Realität angekommen.

In Ermangelung weiblicher Comic-Helden war der gezeichnete Held meiner Jugend: Tarzan. Der Bruder meiner Schulfreundin hatte Hunderte von diesen »Schundheften« (wie meine Mutter sie bezeichnete), und ich konnte sie ihm abbetteln. Weil ich mich mit den Dingern aber zu Hause nicht erwischen lassen durfte, verteilte ich sie gleichmäßig unter den Matratzenpolstern unserer Couch, auf der ich täglich beim Hausaufgabenmachen saß. So hatte ich den Schatz »im Auge« und zudem griffbereit. Ich las mit roten Backen darin, während man mich beim Dividieren und Subtrahieren vermutete. Versteckte die Comics im Atlas und in Heften, so dass ich sie mit einem schnellen Zuschlagen oder Umblättern verbergen konnte, wenn jemand den Raum betrat. Ich verschlang die Abenteuer des kurzgeschürzten Muskelmannes, seiner Affen-Ziehmutter Kala und seiner Frau Jane. Dass

Tarzan den afrikanischen Intellektuellen und Schriftstellern ein rassistischer Gräuel war und ist, kann ich inzwischen nachvollziehen: Mir ist damals allerdings natürlich überhaupt nicht aufgefallen, dass kein einziger Afrikaner in diesen Geschichten einen eigenen Charakter hatte.

Später konnte keine King-Kong-Verfilmung an die atemlose Spannung meiner Tarzan-Heimlichlektüre heranreichen. »Das Dschungelbuch«, die Sage von Romulus und Remus oder »Kaspar Hauser« zählten damals zu meinen kindlichen Bücherschätzen. Es dauerte allerdings lange, bis wir Mädchen auch mit unseresgleichen handfeste Abenteuer erleben konnten. »Ronja Räubertochter« oder »Die rote Zora« ließen auf sich warten. Erst spät wurde die weibliche Widerstandskraft, List und Schlauheit von den Schriftstellerinnen und Autoren entdeckt. Die Verlage setzten sehr lange Zeit nur auf männlichen Willen, Kraft und Naturgewalten. (Es schien in den Büchern oft so, als seien sie dem Manne geradezu untertan.)

Erst viele, viele Jahre später kamen wieder ein paar neue Kraftmeier ins Blickfeld. Leute, die nur die eine Angst hatten, nämlich, dass ihnen der Himmel auf den Kopf fallen könnte. Sie trugen so herrliche Namen wie Miraculix, Majestix, Troubadix und allen voran Asterix und Obelix. Dass sie einen Zaubertrank brauen konnten, der sie stark genug machte, um Galliens Besatzer, die Römer, durch Sonne, Mond und Sterne zu hauen, signalisierte schon deutlich, dass die männliche Stärke in der neuzeitlichen Darstellung inzwischen Hilfsmittel anzunehmen bereit war. Selbst Obelix verlangte nach der

Droge des Zaubertranks, obwohl er ihn doch gar nicht brauchte (weil er als Kind in den Kessel mit dem stärkenden Elixier gefallen war). Asterix und Obelix geben noch heute ungeschminkt die eigentliche männliche Wunschvorstellung einer Lebensgemeinschaft wider – herumstreunen, lärmen und sich prügeln –, das aber auf sehr unterhaltsame, charmante Weise, zugegeben. Bis hin zu der Tatsache, dass die Frauen nach erfolgreicher Schlacht das Essen kochen und servieren und der Troubadour mit seinen schmachtenden Gesängen zum Schweigen gebracht wird.

Stark sein zu wollen ist eine der größten Schwächen des Mannes. Die Lust auf körperliches (oder geistiges) Kräftemessen ist ihm in die Wiege gelegt worden, und daran herumzukritisieren ist verschwendete Zeit. Zumal es keine Frau gibt, die nicht gerne davon profitiert. Ein fair geführter Boxkampf, die unglaubliche Anstrengung der Tour-de-France-Teilnehmer oder das »Masseverschieben« von Sumo-Ringern wird von Frauen genauso fasziniert verfolgt wie von Männern, deren Domäne diese Sportarten sind. Für die meisten von uns Frauen werden diese Kraftpakete jedoch von einem einzigen sehr gescheiten, klugen Exemplar von Mann weit aus dem Feld geschlagen. Ganz ohne Muckis. Ganz oben, unter der

Schädeldecke, muss Mann es heute in erster Linie haben, wenn er einer Frau imponieren will. Er muss schließlich keine Bären und Wisente mehr jagen und auch nicht wie Atlas das Himmelsgewölbe allein auf seinen Schultern tragen. Es genügt, wenn er den Kasten Bier und die Wasserflaschen in die gemeinsame Wohnhöhle trägt. Für die Schlepperei beim Umzug engagiert auch er längst willige Helfer. Sofern er es sich leisten kann. Ansonsten gibt es ja auch noch Freunde. Und nichts ist so schön, wie gemeinsames Stöhnen an einer Biertheke über ehrlich erworbenen Muskelkater.

15

Von Männern, Ideen und Idealen

Nobody is perfect – auch Männer können nicht alles. Die traurige Wahrheit aber ist: Sie meinen, dass genau das von ihnen verlangt wird. Weil Männer es aber nicht leiden können, wenn man etwas von ihnen verlangt (wohingegen viele von ihnen geradezu hinschmelzen, wenn man sie um etwas bittet), haben sie sich die Alleskönnerschaft selbst als Programm verordnet. Und natürlich auch gleich beschlossen, dass es funktioniert. Auf jeden Fall und ohne jede Frage. Nimmt eine Frau einen Dosen- oder Flaschenöffner in Anwesenheit eines Mannes nur in die Hand, wird sie in Sekundenschnelle hören: »Gib schon her, da kann man ja gar nicht zuschauen!« Und das, noch bevor sie sich (vielleicht) ungeschickt angestellt hat. Die schlaueren unter uns Frauen haben sich aufgrund dieses Verhaltens ein Manipulationstalent zugelegt, das auf der Welt seinesgleichen sucht, und setzen es gnadenlos zu ihrem Vorteil ein.

Aber Tatsache bleibt: Es gibt durchaus viele Dinge, die der durchschnittliche Mann nicht kann. Zum Beispiel:

- Die meisten Männer können nicht gut tanzen, weil sie Hemmungen haben. Das gilt nicht für Spanier, Griechen, Italiener und Iren … und es gilt auch für die anderen nicht, wenn sie einen Schwips haben.
- Männer können es nicht ertragen, wenn sie beim Autofahren irgendetwas klappern hören. »Ja, hörst du denn das nicht?«, fragen sie die Beifahrerin dann immer wieder – und halten bei der nächsten Gelegenheit an, um der Sache auf den Grund zu gehen.

- Männer können nicht gut Scrabble spielen, weil Frauen sehr viel mehr Wörter wissen. (Dafür sind sie uns meistens beim Schiffeversenken überlegen.)
- Männer finden nichts. Nicht in ihrem eigenen Schrank, nicht in der Küche und oft auch die Brille nicht, die direkt vor ihrer Nase liegt.
- Männer setzen sich nicht gerne auseinander. Die meisten von ihnen sind harmoniesüchtig. (Aber an den falschen Stellen und in den falschen Momenten.)
- Männer können es nicht aushalten, nichts zu tun. (Darum ist die Wochenend-Stimmung oft schrecklich explosiv, Weihnachten manchmal die Hölle, und deshalb werden versprochene Kurzurlaube immer wieder verschoben.)
- Männer können nicht warten. Kaum ist beim Bäcker eine Warteschlange, versuchen sie es drei Häuser weiter und immerfort, bis es beim letzten kein frisches Brot mehr gibt …
- Männer können selten gut zuhören. (Bei ihnen ist immer nur ein Sinn »eingeschaltet«. Sie können eindeutig besser sehen als hören. Sehen, hören *und* denken gleichzeitig funktioniert bei ihnen nicht.)
- Männer können es nicht aushalten, wenn ihnen irgendjemand etwas erklären will – sie probieren es lieber selber aus. (Das meiste glauben sie ohnedies von Haus aus zu können.)
- Männer sind nicht in der Lage, TV-Krimis zu durchschauen. Und sie verstehen nicht, warum Frauen oft schon nach der ersten Viertelstunde eines solchen

Krimis wissen, wer der Täter ist. Und sich am Schluss meistens herausstellt, dass es auch noch stimmt.

- Männer können nicht aushalten, wenn Frauen psychologisieren. Sie halten Psychologen für Scharlatane (es sei denn, sie sind selber welche).
- Männer können Smalltalk nicht ausstehen. Und können ihn auch nicht gut. Es sei denn, sie sind berufliche Dampfplauderer (oder Politiker) und verdienen mit Sprechblasen ihr Geld.
- Männer können nicht zwei oder drei Dinge gleichzeitig tun. (Das können Frauen wunderbar.)
- Männer können nicht über Krankheiten sprechen. Sie halten es einfach nicht aus. Noch viel schlimmer ist es für sie, wenn ihre Frauen krank sind. (Ihre entsprechenden, bemüht höflichen Nachfragen klingen oft ein bisschen wie Vorwürfe …)
- Männer können Frauen (und Kinder) nicht weinen sehen (sie glauben immer sofort, sie seien schuld und haben ein schlechtes Gewissen).
- Männer können Farbnuancen nicht gut unterscheiden. Bei ihnen gibt es nur rot, blau, grün, gelb, weiß und schwarz.
- Männer können nicht ausstehen, wenn mehrere Frauen durcheinanderreden. (»Gänsegeschnatter« – löst sofortige Flucht aus.)
- Männer können mit kleinen Knöpfchen nicht gut umgehen – deshalb hat einer von ihnen den Reißverschluss erfunden.
- Männer können nicht verlieren. (Wenn ihr Herzens-

Fußballverein verloren hat, brauchen sie Tage, bis sie wieder auf der Reihe sind.)

- Männer können es nicht gut aushalten, eine weibliche Vorgesetzte zu haben.
- Männer haben Angst vor Emotionen. (Den eigenen, aber noch viel mehr vor den weiblichen.)
- Männer akzeptieren keine vagen Angaben. Bei ihnen ist nur wahr und wirklich, was man messen und wiegen kann. (»Was heißt denn eine Messerspitze? Oder eine Prise? Was ist denn das für ein Scheißkochbuch?«)
- Männer können weibliche Leidenschaft im Beruf nicht aushalten. Sie verwechseln Frauen-Engagement mit emotionalem Verhalten.
- Männer können weibliche Liebesschwüre nicht gut aushalten – sie haben Angst vor der vielleicht auf sie zukommenden Verantwortung (und vor Frauen).

Bei dieser Aufzählung fällt auf, dass der weitaus höhere Anteil von männlichen »Schwächen« wieder einmal in den psychischen Bereich fällt. Innerlichkeiten jeglicher Art sind Männern unheimlich, da fühlen sie sich auf schwankendem Boden. Ich vergesse nie, wie mein Mann reagierte, als ich ihn bat, doch einmal darüber nachzudenken, woher seine Kreuzschmerzen kämen. Typisch (un)kluge Frau, lieferte ich im selben Atemzug meine psychosomatische Deutung mit. Der Protest folgte umgehend und wie aus der Hüfte geschossen. Sagen Sie also nie einem Mann, dass irgendetwas Psychisches womöglich physische Folgen hat, wenn Sie eine wochenlange

Debatte mit kompliziertesten Beweisführungen für Ihren Irrtum vermeiden wollen. (Nehmen Sie es aber auf sich, wenn Sie Ihren Partner lieben. Denn Ihre Argumente sickern vielleicht doch – wie in meinem Fall – ein und setzen eine unendlich langsame Bewusstwerdung in Gang – aber immerhin eine Bewusstwerdung.)

Männer stehen unter massivem Druck. Einmal aus ihrer eigenen Natur heraus, die ohnedies zu Selbstüberforderung neigt. Ständig siegen zu wollen, der Beste sein zu müssen und alles besser zu wissen, ist eine hervorragende Voraussetzung, gehörig unter Stress zu geraten. Dazu kommt, dass sie sich heute von den Frauen in jeder Hinsicht gejagt fühlen. Die sind im Schnitt bessere Schülerinnen, bessere Studentinnen, haben ihre Uni-Abschlüsse früher als ihre männlichen Mitbewerber (Statistiken dieser Art werden fast täglich irgendwo in den Medien präsentiert), haben zumindest formal die Gleichberechtigung durchgesetzt und mischen längst fast überall mit. Und das in einer Zeit, wo die (von Männern geformte und vorwiegend von Männern gesteuerte) Welt in jeder Beziehung mehr oder weniger »im Eimer« ist. Was den Verursachern auch täglich vor Augen geführt und aufs Butterbrot geschmiert wird. Dass das stresst, ist so sicher wie das Amen in der Kirche. Und was löst Stress aus? Druck und Spannung – die Folgen sind: »Materialermüdung«.

Viele Männer befinden sich derzeit in konstanter Alarmbereitschaft, sie schütten ständig Adrenalin in hohen Dosen aus, was den Blutdruck, den Blutzucker und den Muskeltonus erhöht. Moderne Männer sind in einem Zustand wie seinerzeit ihre Geschlechtsgenossen, wenn sie nur mit einem Steinbeil bewaffnet einem riesigen Braunbären oder einem Mammut gegenüberstanden. (Erinnern Sie sich noch, wie Sie den Adrenalinstoß in Ihrem Körper fühlten, als Sie im Kino den »weißen Hai« auf sich zuschwimmen sahen? Dieses Gefühl dauernd zu haben, wenn auch vielleicht auf einem klein wenig niedrigeren Niveau, muss ziemlich scheußlich sein …)

Stress wird verursacht durch Zeit- und Geldmangel, Lärm, fehlende Betätigungs- und Gestaltungsmöglichkeit (also Arbeitslosigkeit oder Fehleinschätzung im Beruf), übergroße Verantwortung (ob echt oder gefühlt, ist egal), Mobbing, gestörten Schlaf-wach-Rhythmus, soziale Isolation (Verachtung und ständige Schuldzuweisungen), Schlafentzug, Reizüberflutung, Krankheit und Schmerzen (auch die von Angehörigen), seelische Probleme und unterschwellige Konflikte, schwerwiegende Ereignisse (Prüfungen, Operationen, Ortswechsel und Verlust der vertrauten Umgebung), Tod eines Angehörigen. Wer diese elendslange Liste betrachtet, wird unschwer erkennen, dass wir alle – egal ob Mann oder Frau – ohnedies schon ein paar gehörige Stress-Portionen abkriegen, gegen die wir wenig tun können. Für Männer kommen die schon erwähnten Veränderungen der gesellschaftlichen Verhältnisse noch dazu.

Das Problem von ungesundem Stress – Distress genannt (es gibt auch gesunden, Eustress, der das Salz in der Suppe des Lebens ist) – liegt darin, dass aufgrund unserer Lebensweise der Pegel des Alarmhormons Adrenalin in unserem Blut stets erhöht ist. Es gibt zu wenig Beruhigungsphasen im Alltag, wir stehen alle fast andauernd mit dem Rücken zur Wand und mit der Nervenkraft »auf Anschlag«. War früher durch körperliche Betätigung und Bewegung der Blutreinigungsvorgang noch einigermaßen abgesichert, fällt das heute weitgehend weg. Ich habe mich in jüngeren Jahren, in Unkenntnis dieser Tatsache, immer lustig über unsere Freunde gemacht, die Schlange standen, um auf unserer Alm Holz hacken zu dürfen, ja geradezu darum bettelten. Die wussten offenbar instinktiv, dass das gut für sie ist.

Dauerstress greift die Blutgefäße an, was Organschäden zur Folge hat, bis hin zu Herz-Kreislauf-Erkrankungen oder völligem Organversagen. Das alles beginnt mit falschen Prämissen: Wer seinen Beruf über alles stellt, hyperaktiv ist, eigene Bedürfnisse ignoriert, Misserfolge verdrängt, soziale Kontakte auf das berufliche Feld beschränkt, Erschöpfungszustände nicht beachtet und chronische Müdigkeit für normal hält, Energiemangel und Konzentrationsschwächen nicht zur Kenntnis nimmt – der »brennt« vielleicht oder flackert noch, aber das »Burn-out-Syndrom« steht schon vor der Tür. Dabei geht es um wirklich typische Verhaltensweisen von Männern, die bei deren Abneigung, Gesundheitsstörungen zur Kenntnis zu nehmen, und ihrer chronischen Angst vor Ärzten geradewegs auf eine andere Krankheit zuführen: Depression.

Männer halten Depression für eine typische eingebildete Frauenkrankheit und wollen davon gar nichts wissen. Denn die unverkennbaren Auswirkungen dieser schweren Erkrankung heißen: Mutlosigkeit, Antriebslosigkeit und Verzweiflung. Das sind jedoch keine männlich akzeptierten Kategorien, daher werden Fluchtwege gesucht. Der eine ist Aggression und der andere Alkohol (oder andere Drogen). Im Zweifelsfall gehen diese beiden männlichen »Lösungen« sogar eine unheilvolle Koalition ein. Mit Folgen, die unsägliches Unglück auch für alle Angehörigen mit sich bringen.

Männer können viel – nur nicht ernsthaft mit sich selber liebevoll umgehen. Da mögen wir Frauen uns hundertmal einreden (und es vielleicht auch in der Realität so erlebt haben), sie seien selbstverliebte Gockel und in der Wolle gefärbte Egoisten: Die meisten Auslöser dafür sind jedoch Angst-, Flucht- und Vermeidungsstrategien. Männer sind die fleischgewordene Versagensangst auf zwei Beinen. Natürlich nicht alle, aber immer öfter. Diese Erkenntnis nützt zwar in aktuellen Streitsituationen und bei erlittenen Verletzungen (womöglich sogar körperlichen) wenig und darf daher nicht als Entschuldigung herhalten. Aber zur Kenntnis muss Frau das schon nehmen, weil es die Art und Weise der eigenen Reaktion positiv beeinflussen könnte. (Ihr angeborenes Manipulationstalent könnte Frau ja auch gelegentlich zu Gunsten des Manipulierten einsetzen – und vielleicht damit beiden helfen? Das sollte die Verantwortung des Lebensklügeren sein!) Wer nicht aus seiner Haut herauskann, obwohl es notwendig wäre, dem muss man dabei helfen zu lernen, sich darin wohl zu fühlen. Möglichst unaufgeregt und ohne hoch aufgeladene Emotionen. Einfach die in jedem Menschen vorhandenen »Selbstheilungskräfte« unterstützend.

Von Männern, Pferden und Sonnenuntergängen 16

Eigentlich sind Männer geborene Singles. Wenn das noch möglich wäre, würden sie das Leben des einsamen Wolfes einer dauerhaften Partnerschaft mit einer Frau vorziehen. Fischen, jagen, Fallen stellen und manchmal in die Stadt reiten, um Felle zu verkaufen, Lebensmittelvorräte aufzufüllen und sich gelegentlich mit einem Saloongirl zu vergnügen. Was Lee van Cleef, Kirk Douglas, Clint Eastwood, John Wayne, Henry Fonda und Charles Bronson recht war, kann einem echten Mann von heute doch nur billig sein. Manchmal könnte man sich auch zu einer Gruppe zusammenschließen, so wie die »Glorreichen Sieben« das taten. So entstehen Freundschaften fürs Leben, und nur ein Weichei bleibt aus Liebe in dem kleinen Drecksnest hängen, für das man gegen eine »Handvoll Dollar« gekämpft hat (weil man sonst gerade nichts besseres zu tun hatte). Der echte Mann muss hinaus ins Leben, und nur wenn er Pech hat, so wie Dean Martin in »Rio Bravo« (natürlich war ein Weibsbild schuld), kommt er wieder zu Hause angeschlichen. Ein wirklicher Held kann viele Jahre warten, bis er sich an den Todfeinden rächt, so wie Charles Bronson in »Spiel mir das Lied vom Tod«. Und wenn es einen Mann dann wirklich mal so richtig erwischt hat, so wie Gary Cooper in »High Noon«, und er sich einen Ring über den Finger streifen lässt – aber wer könnte schon der Fürstin von Monaco widerstehen? –, dann muss er vorher noch einmal gegen den ganzen Rest der Bösen kämpfen. Natürlich ganz allein. Helden sind dünn gesät und daher einsam.

Der Lagerfeuer-Romantik verfällt fast jeder Mann,

wenn er Gelegenheit dazu hat. Das ist zu seinem großen Bedauern fast nur noch im Kino möglich. Heute kann Mann nicht mehr »mit dem Wolf tanzen« und er kann sich noch so intensiv vorstellen, Liberty Valance zur Strecke zu bringen – der ist schon längst tot, und eine Wiederholung in der Realität ist verboten. Die Weidekriege von heute werden nicht mehr auf dem Rücken der Pferde ausgetragen, sondern mit Hilfe von Bilanzen und unter Anrufung des Kartellamtes. Der Marshall und die Sheriffs unserer Realzeit kämpfen verzweifelt gegen Papierberge an, sind schlecht bezahlt und würden sich freuen, wenn ihr Berufsleben nur halb so spannend wäre wie in den SOKO-Folgen, im »Tatort« oder im »Polizeiruf«.

Männer wären wirklich gerne Singles, wenn sie von ihren Müttern nur nicht so verwöhnt worden wären. Wer ständig alles hinterhergeräumt und das Essen pünktlich vor die Nase gesetzt bekommt, der überlegt sich zweimal, ob er seine Freiheit und Bequemlichkeit für eine selbstbewusste, auf Gleichberechtigung pochende Frau und eine eigene Familie aufgeben soll. Da befinden sich also zwei Seelen in der Brust des Mannes. Ja, wenn es so eine Frau wie die »Mama« noch gäbe. Nur auf der Welt, um den Männern ihres Clans den Himmel auf Erden zu bereiten. Aber die gibt es nicht mehr. Aber selbst wenn die Liebe einen Gary-Cooper-Verschnitt dennoch erwischt hat, hängt er doch oft noch gerne den alten Single-Angewohnheiten nach:

Er pflegt nach wie vor einen selbstbezogenen Kommunikationsstil, was konkret heißt, der Mann redet von sich und seinen Problemen, hört Frau und Kindern nicht zu und stellt sich nur ungern auf deren Bedürfnisse ein. Noch einmal – das kommt daher, weil die meisten Männer eigentlich heldenhafte Singles sein wollen. Die Psychodramatik derer, in denen diese Sehnsucht noch hell lodert, gerät häufig in Konflikt mit der modernen westlichen Auffassung von Beziehung und Partnerschaft (oder zumindest mit der ihrer Gefährtin). Sie erscheint aus Familienperspektive gesehen oft ziemlich destruktiv und entlädt sich entweder in spontanen Zornesausbrüchen, in zynischen Sprüchen oder endet mit langen »Ausritten«, während deren die sorgenzerfurchte Frau an Heim und Herd ohne Nachricht bleibt.

Männer machen – wenn sie losgelassen, unkontrolliert und ausgelassen sind – ziemlich gerne ziemlich viel Lärm. Aber viel öfter noch sind Männer schweigsam. Gerade das macht sie für viele Frauen attraktiv, weil die hinter dieser Schweigsamkeit – zumindest am Anfang der Beziehung – ein wunderbares Geheimnis vermuten. Denn stille Wasser sind ja bekanntlich tief. Und nichts reizt Frauen so sehr wie ein vergrabener oder versunkener Schatz. Dumm nur, wenn es zur Auffindung dieses geheimnisvollen Schatzes keinen Plan gibt. (Weil oft gar kein Schatz im Mann vergraben ist. Schlau von den Kerlen, diese Masche, oder? Aber meistens ist es nicht einmal eine Masche!) Männer haben viele Arten von Schweigen entwickelt und ihre Partnerinnen zahlreiche Antennen, wie sie die jeweilige Stille deuten könnten. Damit kann so manches Paar gut leben und beide sind's zufrieden. Übel ist nur der Missbrauch des Schweigens. Männer, die ihn praktizieren, mutieren zum so genannten Kampfschweiger. Aber auch Frauen beherrschen es ganz gut, das nervtötende und den anderen missachtende Nichtreden, bei dem kein Bitten und kein Betteln hilft. Und wenn der Dom einstürzt – kein Laut kommt über die Lippen!

Männer möchten gerne Helden sein. Das vor allem. Könige der (Frauen-)Herzen und lorbeerbekränzt. Sie möchten (oft am liebsten in aller Stille, aber doch bemerkt) Aufsehen erregen. Vorbild sein, zu dem man aufschaut. Verehrt und angehimmelt von Frauen, oder zumindest von einer bestimmten Frau. Moralisch integre Helden möchten sie sein, uneigennützig und glaubhaft. Sie alle haben diesen Wunsch in ihren Genen, zumindest in ihrem kulturellen Erbgut, das auch wir Frauen kennen. Dafür gingen sie mit dem Kopf durch die Wand (wenn es nicht so weh täte) und immer weiter, am liebsten bis ans Ende der Welt.

Alle großen Heldentaten, seien sie nun historisch verbürgt oder lediglich von Dichtern ersonnen, schreien geradezu danach, irgendwie auf heutige Weise nachgelebt zu werden. Der tapfere David, der den Giganten Goliath besiegte und König der Herzen wurde, ist so ein Vorbildkandidat. Klein und unterprivilegiert kam er mit seiner Steinschleuder doch ganz groß raus.

Oder Odysseus, der nichts anderes wollte als nach Hause (das will fast jeder Mann; jede Frau, von der er denkt, das sei die endgültig Richtige, steht für dieses Nach-Hause-kommen-Wollen), aber vorher alle Abenteuer erleben durfte, die seine Zeit zu bieten hatte. Sich die »Hörner abstoßen« nennt man das heute, aber der allfällige Schüleraustausch ist doch kein wirklicher Ersatz für einäugige Riesen oder schlangenköpfige Frauenmonster …

Auch Achill regte die Helden-Phantasie von Millionen Gymnasiasten an, von den durch ihn inspirierten Werken Shakespeares, Goethes, Schillers, Hölderlins bis hin zu Heinrich Heine ganz zu schweigen, die sich alle mit dem Mann befassten, der nur an der Ferse verwundbar war. Was für ein Drama: Er bezwang im Kampf um Troja die Königin der Amazonen und verliebte sich in die Sterbende. Ein von Tragik umwehter Held, schön, stark, im Herzen friedliebend und den Krieg verachtend. Aber zum Kampf gezwungen: kalt, grausam und brutal.

Die großen Epen um König Artus und seine Tafelrunde haben Jungen und Mädchen gleichermaßen verschlungen. Die einen in Tristan, die anderen in Isolde sich versenkend, oder in Parzival, den unschuldigen, reinen Toren.

Robin Hood, der Rächer der Witwen und Waisen, der in den Wäldern von Nottingham für die Verteilung der Güter von oben nach unten sorgte – er ist heute noch Vorbild für die Jungs, die nicht mehr Lokomotivführer werden wollen, sondern Aktivisten bei Greenpeace, oder Medizin studieren, um bei »Ärzte ohne Grenzen« oder Amnesty International mitzuarbeiten.

Noch immer werden kleine Männer auf den Namen Siegfried getauft, und noch immer wird darüber geredet, dass eine Frau es war, die seinem ruchlosen Freund die Stelle an seiner Schulter bezeichnet hat, die dem ansonsten Unverwundbaren als einzige den Tod bringen konnte. Ein weiblicher Kreuzstich auf dem Hemd brachte den strahlenden Helden zu Fall. Spätestens seit Kenntnis dieser Geschichte ist zwischen Männern und Frauen Misstrauen gesät.

Die Schicksale der großen Helden der Welt- und Literaturgeschichte füllen in allen Sprachen des Globus ganze Bibliotheken. Egal ob sie Herakles, Perseus, Jason, Sindbad, Saladin, Richard Löwenherz, El Cid, Fra Diavolo oder Zorro hießen oder genannt wurden. Wer sie nicht gelesen hat, kennt sie doch, denn wir haben auch die Verfilmungen ihrer Taten gesehen und sie glühend um ihre Kühnheit und ihre großen Auftritte beneidet.

Mit all diesen Geschichten im Kopf und im Herzen bewegen wir uns heute in einer wenig heldenhaften Alltagswelt, aber sie tun wahrscheinlich dennoch ihre Wirkung.

Auch wenn wir sie schon längst in unseren Schulranzen versunken glaubten. Diese Archetypen menschlicher, genauer: männlicher Verhaltensweisen und Schicksale wurden auf Papier und Zelluloid gebannt. In Buchform mit oder ohne Goldschnitt, in Leder oder Leinen gebunden oder als Volksausgaben zwischen Pappdeckeln. Und im Film erstehen sie immer wieder in neuer Gestalt und stimulieren das Helden-Gen im Mann.

Die männliche Sehnsucht, heldenhaft zu sein, ist eng mit dem Wunsch verbunden, etwas Bleibendes zu schaffen. Wenigstens ein Haus zu bauen, einen Baum zu pflanzen und ein Kind zu zeugen. Zumindest war es noch bis vor kurzem so. Aus diesem Wunsch heraus ist unser westliches Gesellschaftssystem entstanden. Ja, genau genommen sogar die Anfänge des Kapitalismus: Wir wissen, dass Frauen in Urzeiten Sammlerinnen und Männer Jäger waren. Das gab beiden einen gleichberechtigten Status, da jeder auf seine Weise und in gleichem Maße zur Nahrungsbeschaffung und damit zum Überleben beigetragen hat. Das war so lange so, bis der Mann Jagdwerkzeuge erfand, die es ihm ermöglichten, mehr Nahrung nach Hause zu bringen als zuvor und vor allem mehr, als die Frauen das auf ihre Weise konnten. Das machte den Mann der Frau überlegen, weil so Vorräte geschaffen werden konnten – und damit die ersten Werte. Das Leben von der Hand in den Mund hörte auf. Das war auch die Geburtsstunde eines neuen Berufes – des Händlers. Des Tauschhändlers zunächst. Damit begann auch die bisher gültige Gesellschaftsform, die die Abstammung von der Mutter her festlegte, zu bröckeln. In dem Augenblick, wo es so etwas wie Privateigentum (Werkzeuge, Waffen, Vieh, Vorräte) zu vererben gab, wollten die Männer auch wissen, an wen dieses Erbe weitergegeben wurde. War es ihr eigener Sohn, ihre eigene Tochter (die galten damals noch was, weil sie durch Geburten den Clan und damit dessen Macht vergrößerten), oder waren es die Kinder anderer Männer? Womöglich die Kinder von denen, die sich beim Jagen dumm anstellten und nicht in der Lage waren, einen ordentlichen Speer herzustellen? Und deren Sprösslinge sollten jetzt all diese kostbaren, im Schweiße des Angesichts erworbenen Schätze bekommen? Um diese Abstammungsfrage einigermaßen klären zu können, wurde das muntere Clan-Treiben in partnerschaftlich eindeutigere Bahnen gelenkt, denn nur so war der Nachwuchs im Sinne des Erbrechts zu kontrollieren.

Um wenigstens in der Statusfrage mithalten zu können, mussten sich die Frauen nun etwas einfallen lassen. Das gelang ihnen auch, als sie entdeckten, dass sich mit den Resten der gesammelten Pflanzensamen ein systematischer Anbau organisieren ließ. So entwickelte sich das frühgeschichtliche Stadium des Hackbaus, in dem die Frau mithilfe eines von ihr entwickelten Werkzeugs – und Kreuzschmerzen – den Grundstein für die Landwirtschaft legte. (Dass diese Entwicklung so stattgefunden hat, meint die Wissenschaft belegen zu können, weil man bis heute bei den wenigen noch vorhandenen »primitiven« Stämmen auf der ganzen Welt nicht einen einzigen Hackbau entdeckt hat, der von Männern betrieben wird.) Damit hatte die Frau kurzfristig die Nase wieder vorn. Aber nur so lange, bis der Mann – wahrscheinlich Nacht um Nacht von Ehrgeiz und Eifersucht um den Schlaf gebracht, sich auf den Fellen wälzend – den Pflug erfand. Dann lernte er noch, ein Rind zu domestizieren, gegen das die Frau mit ihren Hühnern gar nicht anstinken konnte – und es war vorbei mit dem Mini-Ansatz von Matriarchat. Halten wir immerhin fest, dass der erste Bauer eine Bäuerin war. Heldin auf Zeit.

Von Männern, Pulverdampf und Kanonen

17

Kriege werden von Männern geführt. Das tun sie, seit es uns Menschen gibt. Leider. Wie es derzeit scheint, tun sie es mit wachsender »Begeisterung« – und das zur Verzweiflung von mindestens der Hälfte der (weiblichen) Weltbevölkerung. Und damit verkehren Männer Liebe auf perverse Art in ihr Gegenteil. Sie machen Frauen damit zu Lieferanten von lebendigen menschlichen Waffen – denn sie sind es, die Kinder empfangen und auf die Welt bringen. Und das tun sie ganz bestimmt nicht dafür, dass sie in Vietnam, auf dem Balkan, in Afghanistan oder im Irak ihr Leben lassen oder dort die Kinder anderer Frauen (und Männer!) umbringen. Ob Generäle und Oberbefehlshaber, die ja auch Väter sind, nie daran denken, wie es war, als sie diese Kinder gezeugt haben? Da muss doch mal zumindest annähernd so etwas wie Liebe im Spiel gewesen sein? Schickt man das, was man liebt, sehenden Auges in den Tod?

So viel Männer-Heuchelei wie im Falle Krieg gibt es sonst zu keinem Thema auf der Welt. Ansprachen von Staatsoberhäuptern und Verteidigungsministern, die Angehörige von Gefallenen ihrer Anteilnahme versichern (während noch lebende Todeskandidaten unser Land am Ende der Welt weiter »verteidigen« müssen) können einem die Tränen des Zorns in die Augen treiben. Was haben unsere Söhne, Ehemänner und Enkel am Hindukusch oder vor der Küste des Libanon verloren? Zumal die Unrechtmäßigkeit längst vor aller Augen offen zu Tage getreten ist. Und das bei unserer jeweiligen Geschichte. Die Grenzen Amerikas lagen niemals auch nur annähernd in Vietnam, und die verlogenen Reden bei Veteranen-Beerdigungen, dass der Verstorbene Deutschland am Ural »verteidigt« habe, sind einfach verabscheuungswürdig.

Wie viel Leid und Ungerechtigkeit muss Frauen, Müttern und Halbwüchsigen im Nahen Osten angetan worden sein, damit selbst sie freiwillig, vielleicht sogar mit Begeisterung in den Krieg ziehen oder als lebendige Bomben andere mit in den Tod reißen? Wie viel Aussichtslosigkeit und Hass muss die Herzen dieser Menschen überschwemmt haben, dass sie sich zu solch un-menschlichem Verhalten entschließen? Dass ihnen der Tod schöner und begehrenswerter erscheint als das Leben? Das haben sich Männer unter dem Mäntelchen der Vaterlandsliebe ausgedacht. Einer Frau würde so etwas niemals einfallen! (Wobei es sich bei diesem merkwürdigen Phänomen um keine »Spezialität« der Muslime handelt. Die Franco-Faschisten führten ihren Bürgerkrieg unter der perversen Parole: *Viva la muerte* – Es lebe der Tod!) Da hilft kein Kopfschütteln vor dem TV-Gerät, da hilft nur Wissenwollen, Nachdenken und sich ernsthaft über Hintergründe informieren. Und sich die rhetorischen Manöver der Politiker – und da spreche ich jetzt wirklich von den Männern – genau anzuschauen. Daraufhin, was sie sagen, und daraufhin, was sie wirklich wollen. Genauer: Ob sie nur die Interessen ihrer Wähler vertreten, oder die einer Lobby, die sie dafür bezahlt? Vielleicht dafür bezahlt, dass die Waffen, die auf der ganzen Welt ständig produziert, auch »verbraucht« werden, damit Nachschub gefragt ist? An Öl, Gas und andere Ressourcen dieser Welt kommt man auch durch Verhandlungen, dazu muss man keine Kriege anzetteln. Sagen Frauen (und natürlich auch vernünftige Männer). Krieg lässt sich verhindern durch Kreativität und Mut. Dort, wo Krieg entsteht, hat zu irgendeinem verhängnisvollen Zeitpunkt die Feigheit gesiegt. Denn Kriegführen ist nicht mutig. Zumindest nicht für die, die ihn anzetteln oder zulassen (und am Schreibtisch sitzen oder auf ihrer Ranch zwischendurch eine Runde reiten). »Krieg ist die Geißel der Menschheit«, so steht es in der UN-Charta geschrieben. Es hat nur noch nie in der Menschheitsgeschichte eine Geißel gegeben, die sich von selbst geschwungen hätte.

Krieg kann auch in der kleinsten Hütte herrschen – denn Frieden beginnt in unseren Wohnzimmern. Das ist nicht so naiv, wie es klingen mag. Wer sich wegen einer falsch ausgedrückten Zahnpastatube in die Wolle kriegt, oder wegen Herbstlaub, das vom Nachbargrundstück über den Zaun gefallen ist, zum Kadi rennt, der sollte in sich gehen, bevor er sich über die Abendnachrichten aufregt. Auch die dort geschilderten Auseinandersetzungen haben oft recht »mickrig« und harmlos angefangen. Es geht da wie dort immer um unterschiedliche Vorstellungen davon, was dem einen angenehm und dem anderen unangenehm ist. Dabei wäre es oft so einfach, wenn Menschen sich nur manchmal in ihr Gegenüber hineinversetzen könnten. Die berühmte Zahnpastatube als Streitanlass zwischen Paaren steht doch in Wahrheit für irgendetwas anderes, das einem am Partner nicht passt. Und wer sich über nachbarschaftliche Blätter aufregt, die über die Grundstücksgrenze geflogen kommen, kann genauso gut den Herbst abschaffen wollen.

In Wahrheit geht es im Erwachsenenleben doch immer ums Rechthabenwollen. Darum, seine Ansichten und Meinungen gegen die Andersdenkender durchzusetzen. Im Großen wie im Kleinen. Und meistens geht es auch und vor allem ums »Kriegen« (man beachte das Wort!), also um das Habenwollen und ums Bekommen. Im Sanskrit bedeutet das Wort Krieg: »Wunsch nach mehr Kühen«! Ist dem noch etwas hinzuzufügen?

Wie sehr unsere ganz normale Alltagssprache von kriegerischen Wörtern beherrscht wird, zeigen Formulierungen wie: »Der braucht mal einen ordentlichen Schuss vor den Bug!«, »Preiskrieg«, »Wenn der so weitermacht, werden wir ihn abschießen müssen!«, »Die veranstalten eine richtige Materialschlacht!« usw.

Sind Frauen friedliebender als Männer? Wenn man vom privaten »Schlachtfeld« in der heimischen Sphäre ausgeht, sicher nicht. »Wortgefechte« gehen nicht automatisch zu Gunsten eines männlichen Partners aus, und es stimmt auch, dass Frauen es lieben, das letzte Wort zu haben. Dieses viel zitierte letzte Wort – von wem auch immer es in Anspruch genommen wird – enthält jedoch nicht immer automatisch das bessere und richtigere Argument. Wer wirklich klug ist, der weiß, dass das Sprichwort vom Klügeren, der nachgibt, nicht nur laut ausgesprochen, sondern auch in die Tat umgesetzt werden muss.

Gebildete Männer zitieren in Diskussionen um den Krieg gerne Heraklit: »Der Krieg ist der Vater aller Dinge.« Das ist nachweislich ein unkorrektes Zitat. Im Original ist nachzulesen, wie es wirklich lautet: »Streit ist aller Dinge Vater.« Zwischen Streit und Krieg ist ein gravierender, ein sehr gravierender Unterschied! Und es geht weiter: »Streit ist aller Dinge Vater, aller Dinge König. Die einen erweist er als Götter, die anderen als Menschen, die einen macht er zu Sklaven, die anderen zu Freien.« Damit ist – aus der Sicht der damaligen Glaubens- und Gesellschaftsordnung der griechischen Antike – wohl eher gemeint, dass der Widerstreit der Gegensätze Ordnung schafft. In den letzten Jahren neigt man bei uns dazu, das vernünftige Austragen von Konflikten, wofür der schöne Begriff »Streitkultur« erfunden wurde, als destruktiv zu betrachten.

Berufstätige Menschen müssen das immer wieder feststellen: Führungskräfte dulden nur selten Auseinandersetzungen: Sie haben nicht wirklich gelernt, wie man kreativen Streit, der im Beruf immer ein Wettstreit von Ideen ist, richtig lenkt. Manager haben eine typische Handbewegung, mit der sie heftige Diskussionen in Konferenzen stoppen: Beide Hände mit den Handflächen nach unten über der Tischfläche federnd, so als würden sie Federbetten zurechtklopfen. Damit wurde noch jede leidenschaftliche Ideenfindung im Keim erstickt. Bosse haben Macht, das genügt ihnen. Wozu braucht man dann noch Ideen, wozu Argumente? Und im Zweifelsfall gibt es noch das Heer von Anwälten, das von dieser Unkenntnis des richtigen Streitens gut lebt.

Wer Heraklits Wort vom Streit in »Krieg« ummünzt, entlarvt sich bereits als Vertreter von handfesten Interessen. Nicht ohne Grund wird immer wieder erzählt, dass das deutsche Wirtschaftswunder nach dem Zweiten Weltkrieg mit der totalen Zerstörung des Landes zusammenhing. Die einen Wiederaufbau zur Folge hatte – natürlich auf dem neuesten Stand der Technik. Die Sieger haben ihre alten Fabrikanlagen und technisch überholten Einrichtungen behalten – und wurden von den »modernisierten« Deutschen überflügelt. Das ist männliche (Wirtschafts-)Logik. Es ist sogar wirklich logisch – nur: soll und darf man daraus politische Handlungen für die Gegenwart und Zukunft ableiten, so wie es ständig unter Missbrauch der Kreuze auf den Wahlzetteln unserer Demokratien geschieht? Noch während Menschen in den

Kriegen sterben und ganze Städte im Bombenhagel zu Asche und Staub zerfallen, wird im Regelfall schon verhandelt, wer am Wiederaufbau Geld verdienen darf. Wir würden doch alle niemals freiwillig Leute wählen, die nicht fähig sind, einen Krieg durch Diplomatie und Verhandlungen zu vermeiden und die sich hinter der Ausrede verschanzen, dass sie mittels eines Krieges die Wirtschaft des eigenen Landes ankurbeln und Arbeitsplätze schaffen. Das offen zu sagen, sind sie übrigens meistens auch noch zu feige! Das alles muss auch anders gehen. Ich kenne keine Frau, die angesichts solcher Perversitäten nicht eine eindeutig ablehnende Haltung einnähme.

Und noch etwas haben Männer – in diesem Fall Historiker – geschafft, um Krieg oder kriegerische Auseinandersetzungen ein bisschen »aufzuhübschen«. Sie gaben ihnen interessant klingende Namen. Präsident Bush und sein Kriegsminister machen das heute noch. Vom »Wüstensturm« zur »Achse des Bösen«, die bekämpft werden muss. Klingt nach Lagerfeuerromantik. Auch der Bürgerkrieg um die englische Thronherrschaft, der im 15. Jahrhundert dreißig Jahre lang zwischen den Häusern York und Lancaster tobte, bekam einen harmlos klingenden Namen: wegen der Rosen in den Wappen der Clans wurde er »Rosenkrieg« genannt. Und seit dem gleichnamigen Hollywood-Film steht der Begriff Rosenkrieg auch für die kleinen – weil privaten –, aber nicht minder perfiden Auseinandersetzungen zwischen Ehepaaren. In der Mitte auseinandergesägte Badewannen und geköpfte

Dahlien-Beete sind durchaus nicht der Gipfel der Bosheiten, wenn eine Allianz zu Ende geht.

Auch Frauen sind keine harmlosen Lämmlein, das wissen sie sogar selbst. Sie können streiten, dass die Fetzen fliegen, aber Krieg, das ist nicht wirklich ihre Sache. Und sie haben sich manche List ausgedacht, um den Männern die Kriegslüsternheit auszutreiben. Leider ist es lange her. Zum Beispiel die Sabinerinnen. Sie wurden nach der Gründung Roms, 753 v. Chr., – was zwischen Romulus und Remus natürlich auch nicht ohne Streit abging – bei einem Fest geraubt, zu dem Romulus die Sabiner scheinheilig eingeladen hatte: Im frischgebackenen Rom herrschte Frauenmangel. Als sich die Sabiner endlich einen Kriegsplan ausgedacht hatten, wie sie ihre Frauen zurückbekommen könnten, waren die schon lange mit ihrem Schicksal versöhnt. Hatten sich sogar verliebt, führten Ehen mit den Römern und erwarteten Kinder. Und sie wollten nicht, dass ihre Väter und Brüder ihre Ehemänner erschlügen, oder umgekehrt. Die Frauen warfen sich zwischen die Parteien und führten eine Versöhnung herbei. Das Ganze war alles andere als harmlos, läuft aber im Geschichtsunterricht unter dem romantischen Namen »Der Raub der Sabinerinnen«.

Kriege lassen sich nur durch offene Kommunikation und durch Kreativität verhindern. Manchmal auch mit List. Zumindest wenn Dichter sich des Themas annehmen. So wie Aristophanes in seinem Stück »Lysistrata«. Darin verschanzen sich die Frauen Athens und Spartas im zwanzigsten Kriegsjahr, um ihren Männern jeglichen Sex zu verweigern. Das ging zwar nicht ganz ohne Komplikationen ab. Aber nachdem die eine oder andere Streikbrecherin zur Ordnung gerufen wurde, fand der Peloponnesische Krieg ein Ende. Make love not war. Lysistratas wurde zwei Monate vor dem Ende des Ersten Weltkriegs noch einmal gedacht: Der deutsche Astronom Max Wolf gab einem kleinen Asteroiden ihren Namen. Immerhin.

Männer behaupten oft, unter der Herrschaft von Frauen würde die Welt nicht weniger kriegerisch sein. Das glaube ich nicht. Es würde mehr gestritten werden, das kann sein, aber dafür weniger gestorben. Davon bin ich überzeugt. Das wäre anstrengender und vielleicht wirtschaftlich nicht so erfolgreich. Aber weniger tödlich.

Von Männern, Tod und Teufel

18

Verheiratete Männer leben länger als unverheiratete, aber sie sind viel eher bereit zu sterben. Stand neulich irgendwo zu lesen. (Wie man so einen statistischen Blödsinn wohl ermittelt?) Dass wir Frauen alles überflüssig finden, was Männer sich an den Theken dieser Welt so gerne hinter die gelockerte und auf halb acht hängende Binde gießen, kann ja wohl nicht der Grund für sinkenden Lebensmut sein. Dieses ewige Gemeckere von Frauen übers fröhliche Zusammensein am Tresen ist für Männer ein ewiger Quell der Betrübnis: Wo es doch dauernd genügend Anlässe gibt, irgendetwas zu feiern, zu vergessen, hinunterzuschwemmen und in mehr oder weniger hochprozentigen Fluten zu begraben. Was wir Frauen nicht bedenken: Vielleicht hat der Teufel den Schnaps nur deshalb erfunden, um dieser latenten männlichen Todessehnsucht (den Tabak nicht zu vergessen!) Vorschub zu leisten?

Solche Gedanken gehen jedoch keiner Frau durch den Kopf, wenn der Schluckspecht nächtens von einem Treffen mit Schulfreunden oder alten Kollegen zurückkommt und ihr beim schuldbewussten, leicht verlegenen Begrüßungskuss den Dunst von einem mittelgroßen Fass Bier entgegenhaucht. Sie ist nur angewidert und stellt sofort alle Körperhaare auf. Da nützen auch die zwei im Nachbarsgarten abgerissenen Fliederzweige nichts, die er wie eine Friedensfahne schwenkt, während er sich bemüht, mit feuchten, gespitzten Lippen die untere Gesichtshälfte seiner Frau zum Versöhnungsküsschen anzupeilen. Bei der schlagartig einsetzenden schlechten Laune der Partnerin hätten es Orchideen oder aber auch genauso gut Gänseblümchen sein können (aber so tief hätte er sich bestimmt nicht gebückt, weil das den Gleichgewichtssinn endgültig außer Kraft gesetzt hätte). Seine Bierseligkeit steht der weiblichen Frustration diametral gegenüber. Frauen hassen Alkoholfahnen, weil sie drastisch vor Augen haben, dass dieser Drogenausstoß (5% des zu sich genommenen Alkohols baut der Mensch über Urin, Schweiß und die Atemluft ab) von einem Mann kommt, der nicht derselbe ist, den sie lieben. Frau erkennt dieses kichernde, unsicher herumtapsende, schmuse- und versöhnungsbedürftige Kerlchen kaum als ihren sonst doch so vertrauenswürdigen, im Oberstübchen klar strukturierten Kerl wieder. Kluge Frauen machen aus solchen Vorkommnissen kein Drama und sorgen dafür, dass der abgefüllte »Fremde« sich möglichst schnell ins Bett trollt (während sie sich vor der Alkoholwolke ins Gästezimmer retten). Kein Bein- bzw. Beziehungsbruch – vorausgesetzt, solche Eskapaden kommen nur selten vor. Ansonsten gäbe es Anlass zu großer Sorge.

Anlass zur Sorge um die Spezies Mann gibt es aber ohnedies, da sie generell gern mit Flüssigem experimentiert. Aufgrund der Art und Weise, wie Männer »gestrickt« sind – mit zwei links, zwei rechts ist es leider nicht getan, wenn es nur so einfach wäre! –, haben sie von Haus aus einen Hang zur Flucht. Genauer gesagt, eine Neigung zu Stimmungsaufhellern. Das hört sich so einfach an wie Haare färben. Ist es aber leider nicht. Wir sprachen schon darüber. Je nach Größe des inneren Chaos oder Ausmaß der psychischen Erkältung schaut es in manchem männlichen Brustkorb recht finster aus. Mangels natürlicher Entlastungsmöglichkeiten, beispielsweise durch Reden – Männer tun ja den Mund nicht auf! – baut sich ständig wachsender Druck auf, wie in einem Dampfkessel. (Was glaubt ihr Kerle eigentlich, weshalb wir Frauen so viel quasseln? Das hat schon seinen tieferen Sinn! Nur um euch auf die Nerven zu gehen? – das wäre nicht Anlass genug und zudem kontraproduktiv. Wir sind doch nicht blöd!) Dieser männliche Innen-Druck endet oft in beachtlichen Verdüsterungen oder in einer waschechten Depression. Da diese wiederum als »unmännlich« eingestuft und daher nicht als real vorhandene Erkrankung akzeptiert wird, folgen Aggressionen oder Drogenmissbrauch. Wobei es genügt, wenn wir bei den gesellschaftlich akzeptierten Drogen – Alkohol und Tabak – bleiben. Hinter jedem dritten Alkoholiker verbirgt sich ein depressiver Mann. Und hinter so manch einem Pfeifenraucher ein »Kampfschweiger«. Wer eine Pfeife mit zusammengebissenen Zähnen hält, kriegt sie nicht zum Sprechen auseinander. Das leuchtet ein, oder?

Nun sollten wir bei dem Thema Alkohol und Tabak aber auch das Kind nicht mit dem Bade ausschütten, das besorgen derzeit schon die Häuptlinge mit den »gespaltenen Zungen« aus Berlin und Brüssel. (Die Steuereinnahmen einstreichen, aber großen Zinnober machen. Wasser predigen und Wein saufen. Und sich bei den Zigarren auf Churchill berufen.) Wir reden hier vom normalen Leben und nicht von krankhaften Auswüchsen.

Und auch die strengsten Alkohol-Verächter können sich nicht auf der sicheren Seite fühlen. Denn Alkohol kommt auf ganz natürliche Weise auch in Früchten und Säften vor. Kennen Sie ihn nicht auch, den weltberühmten Tierfilm von den betrunkenen afrikanischen Affen? Die haben sich an Fallobst bedient, das schon in leichte Gärung übergegangen ist. Ihnen beim Torkeln und Übereinanderpurzeln zuzuschauen ist zwar sehr lustig, aber auch gleichzeitig irgendwie beschämend.

Die italienische Verkehrspolizei nimmt Alkoholkontrollen sehr ernst und ist rigoros beim Führerscheinentzug. Bevor man die Fahrberechtigung – ohne die kein Italiener in der Lage ist, sich als ganzer Mann zu fühlen – wiederbekommt, werden regelmäßig ärztliche Leber-Tests durchgeführt. Einer unserer italienischen Freunde erzählte uns, dass er schon so gut wie »sauber« war, als der letzte vorgeschriebene Test bevorstand, den er mit einer gehörigen Erkältung geplagt absolvierte. Dabei stellten sich katastrophale Leberwerte heraus – die Rückgabe des Führerscheins entschwand in weite Ferne. Und das, obwohl der Delinquent schwor, seit Wochen keinen Tropfen Alkohol mehr angerührt zu haben. Des Rätsels Lösung: Es war der Hustensaft, den er mehrmals am Tag löffelweise einnahm, nach der Männerdevise: viel hilft viel! In Hustensäften sind gehörige Alkoholmengen – wie überhaupt Alkohol als Trägerstoff für Medikamente verwendet wird! Aber nicht nur der Hustensaft ist alkoholverdächtig: Auch Brot enthält Alkohol (0,3%), Apfelsaft (0,4%) oder Sauerkraut (0,5%) – so erklärt sich endlich der Spruch »Sauer macht lustig«! Eine reife Banane ist sogar mit 1% dabei. An diesen Fakten kann man sehen: Der Mensch ist nirgendwo vor der Sünde sicher. Und bei der nächsten Verkehrskontrolle um ein paar Ausreden reicher. (Am besten auf dem Rücksitz immer eine Bananenstaude mitführen, zum Beweis.)

Nun sollten wir uns aber endlich der zentralen Frage widmen, warum Männer den Alkohol so sehr lieben. Er ist ihr absolut liebstes Körpergift. Rangiert noch weit vor dem »blonden Gift«. Laut statistischem Bundesamt stehen 2% aller Todesfälle im Jahr 2000 in direktem Zusammenhang mit Alkohol. Wobei dreimal mehr Männer als Frauen zu dieser Statistik beitragen, und die Zahlen von männlichen Jugendlichen unter 15 Jahren dabei besorgniserregend zu Buche schlagen!

Einige offensichtliche Nebenwirkungen sprechen ja erstmal gegen diese Droge. So verengt sich das Blickfeld – Ergebnis: Verschärfung des berühmten Tunnelblicks, der ja schon dem nüchternen Mann von der Wissenschaft »bescheinigt« wird. Gleichzeitig verringert der Alkohol die Reaktionsschnelligkeit enorm. Nachgewiesen ist auch die Erhöhung der Emotionalität bei gleichzeitiger Abschwächung der geistigen Fähigkeiten. Alkohol enthemmt und steigert das sexuelle Verlangen ... aber nicht die Fähigkeit, dieses Verlangen in Taten umzusetzen. Zudem vermindert Alkohol die Testosteronproduktion. Schnaps macht also den Mann ganz bestimmt nicht zum Mann.

Kalt betrachtet, kann die Erklärung für die männliche Liebe für Hochprozentiges nur darin liegen: Männer schlucken gerne, um die Realität auszublenden und alle die Eigenschaften herabzumildern, die sie in nüchternem Zustand als besonders männlich preisen. Muss Frau den Schluss daraus ziehen, dass die berühmte körperliche und geistige Wendigkeit und Stärke des Mannes eine Bürde für ihn ist? Eine Last, die er gelegentlich mithilfe des Alkohols ablegen muss, um sich zu erholen und wieder durchatmen zu können? Mann für Mann, was seid ihr nur für kompliziert gebaute Wesen!

So würde sich auch der Alkoholtourismus erklären: Die Saufurlaube im Ballermann 6 auf Mallorca und die Alkoholexzesse auf den skandinavischen Fähren zwischen Helsinki und Tallinn, die jüngst in Schlagzeilen à la »Finnen stürmen Estland« gipfelten.

Da gibt es in anderen Nationen doch viel gepflegtere Bräuche rund um den Alkohol. In der Karibik beispielsweise nennen sie – durchaus religiös motiviert – den Rum »Devil-Killer«. In diesen Breitengraden benetzt man den Neugeborenen (und den Toten!) die Lippen mit Rum. Das soll den Teufel auf Abstand halten. Was uns gleich auch etwas über den Alkoholvernichter Ernest Hemingway verrät, der sich so gerne in der Karibik aufgehalten hat (sobald er die venezianischen Bars leergetrunken hatte). Er muss panische Angst vor dem Teufel gehabt haben.

Zum Schluss muss ich Ihnen unbedingt meine alkoholische Lieblingsgeschichte erzählen. Sie handelt von der größten Punschbowlen-Party, die je auf der Welt gefeiert wurde. Sie fand 1760 in Amerika statt und wurde von einem Admiral namens Boscaven für seine Offiziere veranstaltet. Dafür würde man heute einen nicht zu kleinen Swimmingpool benötigen, in den nach und nach folgende Zutaten gefüllt würden: 600 Flaschen Rum, 600 Flaschen Cognac, 1200 Flaschen Malaga und nur 400 Liter Wasser. In dieser Gelagemenge, Verzeihung, Gemengelage, werden 600 Pfund Zucker aufgelöst, sodann wird sie mit 600 geriebenen Muskatnüssen gewürzt. Dazu kommt der Saft von 2600 ausgepressten Zitronen. Diese Mengen vernichteten die Herren, Gott hab sie selig. Wer es heute nachmachen will – sozusagen als nachgespielte historische Trinkschlacht (das wird ja immer moderner, ich meine das Nachspielen von historischen Schlachten) –, sollte jedoch mehr als einen Freund haben. Und ja nicht vergessen: Die Frauen in Urlaub schicken.

Und hier noch die Empfehlung eines amerikanischen Generals (Alkohol und Krieg sind nicht voneinander zu trennen!), für einen richtigen Martini-Cocktail – man beachte die Formulierung: den Gin in mindestens neunfacher Übermacht gegen den Martini antreten lassen! Jeder Barmixer ist gerne zu weiteren Erläuterungen bereit.

Lassen Sie uns Frauen am Schluss – eingedenk der Tatsache, dass alles zu Gift wird, wenn man zu viel davon nimmt – ein wenig milde sein: Haben wir nicht alle mit unseren Männern schöne Stunden in gemütlichen Bars verbracht? Allein die Getränkenamen auf den Karten klangen schon so romantisch: White Lady, Golden Dream, Grashopper, Bird of Paradise, God Mother (Wodka und Amaretto), God Father (Scotch und Amaretto), Stormy Weather, Virgin Mary, Sweet & Hot und so weiter und so weiter. Schließen wir ab mit Sweet Victory. Dieser Drink ist sogar alkoholfrei – so was gibt es auch in Bars. Seit Männer von Frauen dorthin begleitet werden.

Von Männern, List und Tücke

19

Männer halten sich für besonders schlau. Eine kuriose Selbsteinschätzung, die Frauen gelegentlich zum Kichern, oft aber auch zur Weißglut bringt. Denn so manch schlauer Fuchs ist schon als dummschwätzende Trottellumme enttarnt worden: Wenn Reineke beispielsweise am Valentinstag ohne Blumen ankommt und sich damit herausredet, dass es im Blumenladen »nur noch welkes Zeug« gegeben habe; oder sein Zuspätkommen mit einem »U-Bahn-Stau« begründet; oder darum bittet, ihn unbedingt abends während des Kollegentreffs anzurufen, damit er eine Ausrede hat »sich loszueisen«, dann aber das Handy zu Hause liegen lässt (das er sonst immer und überall wie ein Heiligtum als Kommunikations-Junkie mit sich herumschleppt). Dass der tropfende Wasserhahn im Bad nach drei Wochen immer noch nicht gerichtet ist, liegt daran, dass der Sanitärladen die richtigen Dichtungsringe nicht vorrätig hat und sie erst bestellen muss: »Warum das so lange dauert, ist mir ein Rätsel. Der Laden scheint ein richtiger Saustall zu sein, die werde ich jetzt mal aufmischen!« Frau wird das irgendwann zu dumm und siehe da, sie erhält diese selten verlangte, technische Innovation auf Anhieb in der Heimwerkerabteilung eines x-beliebigen Kaufhauses, aber das liegt wahrscheinlich daran, dass der Fahrrad-Bote aus Timbuktu gerade an diesem Tag dort eingetroffen ist. Und warum er den ganzen Tag im Büro nicht zu erreichen war? Das versteht er nicht. Er saß von neun bis sechs an seinem Platz vor dem Computer: »Vielleicht hattest du beim Wählen einen Zahlendreher in der Nummer?« Genau, so wird's gewesen sein … Von versehentlich gelöschten E-Mails und verschwitzten Geburtstagen (»Verdammt, da habe ich doch schon wieder den März mit dem April verwechselt, irgendwie habe ich mit diesen Monaten ein Problem. Kannst du mir noch einmal verzeihen?« Aber klar doch, tut Frau doch schon seit Jahren) gar nicht erst zu reden.

Mit anderen Worten, mit der vielgerühmten Schlauheit der Männer ist es nicht so weit her, wie sie selber glauben. Ihr Verstand ist ziemlich eindimensional: Im Dreisatz-Rechnen und bestimmten Denksportaufgaben sind sie fast unschlagbar, auch wenn sie beim aus der Mode gekommenen »Stadt-Land-Fluss«-Quiz schon mal die Buchstaben »c« und »z« verwechseln. Und beim »Schiffeversenken« nur deshalb gewinnen, weil sie den letzten Tanker erst heimlich während des Spiels einzeichnen.

Probleme zwischen Mann und Frau lassen sich allerdings nicht mit mathematischem Talent lösen. Männliche Ausreden sind selbst bei eingeschränkter weiblicher Aufmerksamkeit blitzschnell als solche zu erkennen. Männern fehlt in vielen Dingen des Lebens eine gewisse elegante Raffinesse, die Frauen von Natur aus gegeben scheint. Der Begriff der Schlauheit darf übrigens auf gar keinen Fall mit Klugheit verwechselt werden. Er ist eher mit Smartheit oder Cleverness verwandt. Wobei der »Smartie« kein buntes, zuckerüberzogenes Schoko-Dingsda ist, sondern ein charmant lächelndes Grinse-Kerlchen, das sich weichgespült, politisch-korrekt und überdiplomatisch durchs private und berufliche Leben charmiert. Und das »Cleverle« hat einen 6. Sinn dafür, wo Chancen für ihn drin sind, auch wenn er sonst nicht viel auf die Beine stellt – er schnappt einfach instinktiv im rechten Moment zu. Fest steht jedenfalls: In Bezug auf Lebensklugheit sind Frauen den Männern geradezu mit Siebenmeilenstiefeln voraus. Wobei wir uns einig darüber sein müssen, dass alle diese Begriffe wiederum nichts mit Intelligenz zu tun haben. Die ist wirklich gerecht und sehr individuell zwischen den Geschlechtern verteilt!

Jenseits der Durchschaubarkeit von Notlügen und albernen Ausreden in Alltagsfragen sind Männer natürlich aber doch auch durchaus schlau, das dürfen wir ihnen nicht absprechen. Sie haben irgendwann herausgefunden, dass die Erde keine Scheibe ist, aber auch, dass die Hummel nicht fliegen kann. So steht's vor dem Hauptportal von Boeing. Das haben wohl Ingenieurs-Berechnungen ergeben und darum steht da zu lesen: »Die Hummel kann nicht fliegen. Aber sie weiß es nicht!« Klingt ein bisschen nach Daniel Düsentrieb, finden Sie nicht? Alle »Donaldisten« dieser Welt lieben diesen Überflieger-Erfinder mit der Denkkappe und dem wispernden »Helferlein« an seiner Seite. Viele Männer identifizieren sich mit diesem Daniel Düsentrieb, der sich nicht einfach nur irgendeinem Comic-Spaß, sondern durchaus der Klugheit verschrieben hat – also angemessenem, alle Faktoren berücksichtigendem und zielgerichtetem Handeln. Die Art eben, wie eine Frau ihren Einkaufszettel erarbeitet, einen

Kuchen bäckt, ihre Konzept-Präsentationen in der Firma angeht, eine Konferenz organisiert oder einen Koffer packt. Bei Daniel Düsentriebs Unternehmungen kommt nicht immer eine perfekte Schwarzwälder Kirschtorte heraus. Schon eher mal die Erfindung eines Brotschmierapparates, eines Dunkellichts oder eines Telefons mit eingebautem Bügeleisen. Eigentlich alles recht schlau ausgedacht, aber nicht immer erfolgreich im Realitätstest. Aber so was kommt nicht nur in Entenhausen vor, wie wir wissen.

Höchst Erstaunliches ist zu entdecken, wenn man sich die Liste der wichtigsten Erfindungen einmal genauer anschaut. Da lässt sich nämlich unschwer feststellen, dass viele von ihnen von Männern gemacht wurden, damit Frauen schneller und effizienter der ihnen zugewiesenen Arbeit nachgehen können. Zum Beispiel Josef Madersberger und die Erfindung der Nähmaschine. Der Beruf des Schneiders war damit so gut wie erledigt – ab sofort saßen Frauen an dieser Maschine und traten die Fußpedale. Und damit ließ die mit Mickerlöhnen einhergehende Industrialisierung des Nähhandwerks prompt nicht lange auf sich warten. Dem Amerikaner Hubert Cecil Booth ist die durchaus segensreiche Erfindung des Staubsaugers zu verdanken – und damit immerhin die kleine Chance, dass auch Männer sich gelegentlich und recht ausnahmsweise der heimischen Bodenpflege widmen. Zugegeben, Carl von Lindes Kühlmaschine, kurz Kühlschrank genannt, kommt der ganzen Familie zugute, wird von den meisten

Männern aber eher nur als Bierbehälter beachtet. Peter Mitterhofers Schreibmaschine wiederum kreierte einen ganz neuen Frauenberuf: Sekretärin & Co. Es ist fast eine Ironie des Schicksals, dass die Erfindung des Computers nun doch noch auch die Männer an die Buchstaben-Tastatur getrieben hat! Dafür ist der Beruf der Sekretärin am Aussterben. Die Erfindung des mechanischen Webstuhls durch Edmund Cartwright führte zu einer der eher seltenen Maschinenstürmereien und machte ganze Gegenden Europas brotlos: Der schlesische Weberaufstand 1844 hat nicht nur so große Geister wie Heinrich Heine beschäftigt – es ist sicher auch kein Zufall, dass bald danach »Das kommunistische Manifest« von Karl Marx erschienen ist. Und raten Sie mal, wer dann im Lauf der Jahre an diesen mechanischen Webstühlen saß? Da haben wir es heute schon besser: Wir könnten beim Vollladen unserer Supermarkt-Einkaufswagen seines Erfinders, Sylvan Goldman, gedenken, wenn uns der Sinn danach stünde. Wie man mit den vollen Tüten dann ohne Lift in den 3. Stock kommt, dieses Problem hat der Schlaumeier allerdings nicht mitgelöst. Auch Gideon Sundback ist aus weiblicher Sicht nur zu loben – er hat den Reißverschluss erfunden. Was wiederum den Männern das mühsame Aufknöpfen bei verschiedensten Gelegenheit erspart!

All diese verdienstvollen Errungenschaften unserer modernen Zeiten sollen gelobt und ihre Schöpfer durchaus geehrt werden, aber wie gesagt, zum Teil wurden da Tat-Sachen geschaffen, die die weibliche Gleichberechtigung damals weiter in die Zukunft geschoben haben.

Manche Frauen haben deshalb zur Selbsthilfe gegriffen. So wie die Dresdner Hausfrau Melitta Benz, die mithilfe eines Löschpapiers ihres Sohnes den Kaffeefilter erfunden hat. Ohne die Amerikanerin Mary Anderson gäbe es keinen Scheibenwischer, auch nicht beim Mercedes (der immerhin aus Liebe nach einer Frau benannt wurde!).

Apropos Auto: Da Scheibenwischer nur mit Flüssigkeit funktionieren, die aber gelegentlich mitten in der Fahrt ausgeht und damit oft auch die Sicht, hat ein moderner Schlauberger einen Trick für dieses fatale und gefährliche Problem gefunden: Man schneide einen Apfel in zwei Hälften und mache damit die Scheibe sauber. Dadurch perlt Schmutz und Nieselregen ab und man schafft es bis zur nächsten Tankstelle. Wir danken dem schlauen Mann namens Robert Griesbeck, der diesen und 1000 andere Alltagstricks in seinem Buch »Trick 17« aufgeschrieben hat, das ich hiermit nachdrücklich empfehle! Besondere Ehrungen verdienen auch die Amerikanerinnen Bette Graham, die das Tipp-Ex erfunden hat, und Marion Donovan, die mithilfe eines alten Duschvorhangs die Wegwerfwindel kreierte. Und auch das erste Modell eines Geschirrspülers wurde in den USA von einer Frau erfunden: Es lebe Josephine Cochrane, die dafür schon bei der Weltausstellung 1893 in Chicago dekoriert wurde. In allen Fällen dieser weiblichen Erfindungen waren es schlaue Männer, die daraus Produktionen machten, Arbeitgeber wurden und allen Beteiligten dazu verhalfen – mehr oder weniger viel – Geld damit zu verdienen. In den Chefetagen dieser Unternehmen saßen natürlich keine Frauen.

(Das hätte sich damals gesellschaftlich wohl nicht »geschickt« … und wie es scheint, schickt es sich heute aus mancher Männersicht immer noch nicht!)

Dass es auch anders geht und Männer und Frauen sich beim Erfinden gut ergänzen können, zeigt die Geschichte von Nicole Cliquot, die 1805 – siebenundzwanzig Jahre alt – nach dem Tod ihres Mannes sein Wein- und Champagner-Gut übernahm. Sie erfand die Rüttelmethode für die Champagner-Macher, die heute noch praktiziert wird. (Diese Methode dient dazu, Heferückstände nicht auf den Boden der Flasche sinken zu lassen, sondern an den Korken zu binden, so dass sie beim Öffnen der Flasche mitentsorgt werden, ohne das wunderbare Prickelwasser zu trüben.) Und eine weitere Sinnen- bzw. Gaumenköstlichkeit haben wir einem Paar zu verdanken: den berühmtesten Käse der Welt – den Camembert, genannt nach dem gleichnamigen Ort im Herzen der Normandie. Madame Marie Harel hat ihn zusammen mit ihrem Cousin Abbé Gobert, den sie auf ihrem Hof versteckt hielt, während der Französischen Revolution »erfunden«. Mit Champagner und köstlichem Camembert zum Schluss eines romantischen Candle-Light-Dinners hat schon mancher Mann so manche Frau zum Hinschmelzen gebracht. Die wenigsten werden dabei wohl je bedacht haben, wem sie diese Köstlichkeiten zu verdanken haben. Wollen wir also festhalten: Männer sind furchtbar schlau, ja. Aber bevor das für den Rest der Welt sichtbar wurde, ist sehr oft vorher schon einmal eine Frau schlau gewesen.

Zum Schluss noch eine verblüffende, typische Männer-Schlauheit: Sie stammt aus der Feder des englischen Bestsellerautors Frederick Forsyth. Wir dürfen davon ausgehen, dass sie stimmt, denn er ist einer der exaktesten Recherchierer auf dem Gebiet des Polit-Thrillers, wozu seine exzellenten Kontakte zur Air Force und den Geheimdiensten nicht unerheblich beitragen. Die Story stammt aus dem ersten Golf-Krieg, bei dem die Amerikaner und Briten dieselben Landebasen und Lagerhallen benutzten. Eines Tages stellten die Amerikaner fest, dass sich die Briten kistenweise Kondome in die Wüste transportieren ließen und schlossen daraus messerscharf, dass die Waffenbrüder irgendwo eine sexuelle Freuden(haus)-Quelle aufgetan hatten, von denen sie, die Amerikaner nichts wussten. Das ließ die Söhne Uncle Sams nicht rasten und nicht ruhen – sie wollten unbedingt an dem Vergnügen teilhaben. Die Briten ließen sie zunächst eine Weile schmoren, was die Gegenpartei immer hibbeliger machte. Schließlich ging den Inselbewohnern das ständige Gefrage und Gebohre auf die Nerven, und sie lüfteten ihr Geheimnis: Sie benutzten die Kondome, um sie über ihre Gewehrläufe zu ziehen, damit kein Sand »ins Getriebe« ihrer Schießprügel käme. Das nenne ich Schlauheit im wahrsten Wortsinn. Und im Übrigen von einer Symbolik, die Mann sich einmal durch den Kopf gehen lassen sollte …

Wie sehr männliche Schlaumeiereien an selbstbewussten Frauen abprallen können, zeigt folgendes moderne Märchen (unter dem Motto: »Jo, so san's, die Prinzen!«):

Es war einmal, in einem weit entfernten Land, eine wunderschöne, schlaue Prinzessin. Eines Tages betrachtete sie einen Frosch in einem Biotop auf einer ihrer Ökowiesen, unweit ihres Schlosses. Da sprang der Frosch in ihren Schoß und sagte: »Elegante Lady! Einstmals war ich ein hübscher Prinz, bis mich eines Tages eine böse Hexe verzauberte und mit diesem Frosch-Fluch belegte. Ein Kuss nur von dir und ich werde wieder der schmucke Prinz, der ich einmal war. Dann, Süße, können wir heiraten, einen Haushalt im Schloss meiner Mutter führen, wo du meine Mahlzeiten bereitest, meine Wäsche wäschst und bügelst, meine Kinder zur Welt bringst und großziehst und damit glücklich bist, bis ans Ende aller Tage.«

An diesem Abend saß die Prinzessin leise vor sich hin lächelnd vor einem Glas Chardonnay und leckeren Froschschenkeln in einer leichten Zwiebel-Weißweinsauce …

20 Von Männern, Gipfeln und Raketen

Sumsemann. Ein fehlendes Maikäfer-Beinchen war Anlass für »Peterchens Mondfahrt«, einem Kinderbuch-Klassiker, den wir alle kennen. Peterchen trat diese weite Reise für den letzten Vertreter der Maikäfer-Dynastie Sumsemann an, der in seinem Garten lebte. Zwischen diesem Kult-Kinderbuch bis zu »Raumschiff Enterprise« und »Star Trek« liegt ein weiter Weg. Ein Weg, der mit der männlichen Lust und Leidenschaft zusammenhängt, immer und überall der Erste sein zu wollen. Männer wollen Pioniere sein, einer neu entdeckten Pflanze oder einem bislang unbekannten Regenwald-Wurm ihren Namen geben, ihre Visionen realisieren oder eine Flagge auf einem bisher noch nie erstiegenen Berg für ihr Land hissen (darum heißt ein berühmter Schweizer Berg auch »Jungfrau«, auch wenn er inzwischen bergsteigerisch gesehen längst keine mehr ist!). Kurzum, Männer wollen Bahnbrecher sein.

Wegen dieses tiefverwurzelten Wunsches haben sie den Globus Flecken für Flecken erkundet, erforscht und ihm dabei nach und nach fast jedes Geheimnis genommen. Das ging natürlich gar nicht so einfach. Gelegentlich kam es sogar vor, dass Entdeckungen immer wieder neu gemacht wurden. Was (schadenfrohe) Nachkommen irgendwann feststellen, um es sofort aufzuschreiben und der staunenden Welt zu verkünden. Amerika jedenfalls wurde von den Männern viermal entdeckt: 499 n. Chr. von einem Chinesen namens Hoei Shin. 992 n. Chr. vom Wikinger Leif Eriksson. 1492 von Christoph Columbus (weil er Indien verfehlt hat, weshalb es zunächst West-Indien hieß). Und

1507 schließlich von Amerigo Vespucci, der feststellte, dass es sich um einen Kontinent handelt.

Die Geschichte erinnert mich ein bisschen an die stolze Verkündigung eines Freundes, der zum nächtlichen Nacktbaden lockte: »Ich hab da einen Moorweiher entdeckt. Ein Traum in warmen Sommernächten, und weit und breit kein Mensch. Nur Füchse, Hasen und Fische natürlich.« Na, wer würde sich da nicht sofort dorthin aufmachen? Als wir in so einer romantisch-lauen Sommernacht nach 22.00 Uhr ankamen, fanden sich am Straßenrand jede Menge parkender Autos, die wir aber noch dem nahegelegenen Gasthof zuordneten. Als wir aber am Teichufer ständig über Kleiderbündel stolperten und im Näherkommen immer mehr Prusten, Planschen und fröhliches Rufen vernahmen, da war klar: Irgendein oberbayrischer James Cook war schon vor unserem Badedetektiv da gewesen und hatte seinerseits den »Geheimtipp« voller Entdeckerstolz kräftig kommuniziert. Denn auch das ist eine männliche Eigenschaft: wenn es etwas zu vermelden gibt, das die Eitelkeit befriedigt und das Gefieder aufplustert, verhält sich der Mann wie der Hahn auf dem Mist. Da ist plötzlich von Schweigsamkeit nichts mehr zu bemerken. Auch Korrektheiten spielen dann keine Rolle mehr: Abertausende Assistenten an Unis wissen ein Lied davon zu singen – ihre Arbeiten werden unter dem Namen des Professors veröffentlicht und schmücken dessen Reputation. Deshalb gilt, auf den Weiher wie auf die Uni bezogen: Nachrichten und Informationen aus zweiter Hand sind nicht mehr vergnügungssteuerpflichtig.

Dass Männer, in dem Fall Eidgenossen, einen schwer zu besteigenden Berg »Jungfrau« getauft haben, lässt übrigens auch tief in die männliche Befindlichkeit der Exklusivitäts-Wut blicken. So wie Gottes Sohn die Welt von ihren Sünden nur mittels einer jungfräulichen Mutter erlösen konnte, so war es jahrhundertelang für die Frauen Pflicht, unberührt in die Ehe zu gehen. Während es in der Steinzeit noch wild durcheinandergehen durfte, hatten die Männer Jahrtausende später sehr viel rigorosere Vorstellungen von sexueller Sitte und Moral etabliert. Männer entdecken nicht nur Kontinente und erstürmen Gipfel, sondern bestimmen auch, was gut und was böse ist. Bei einer Frau der Zweite zu sein war offenbar die pure Schmach für einen Mann. Und damit es ja nicht den geringsten Zweifel gab, wurden nach der Hochzeitsnacht die blutbefleckten Laken aus dem Schlafzimmerfenster des frischgetrauten Paares gehängt. Schließlich sollte die Gemeinde wissen, dass alles mit rechten Dingen zugegangen ist. Und da auch Frauen schlau sind, hat sicher so manches Schälchen Hühner- oder Schweineblut gute Dienste dazu getan …

Zur Abschaffung der Leibeigenschaft mag das »Recht der ersten Nacht«, das dem Burg- und Lehnsherren zugestand, die schönsten Mädchen seiner Bauern und Tagelöhner in sein Bett zu holen und sie damit zu »entwerten«, nicht unwesentlich beigetragen haben. Die so entehrten Frauen durften in der Kirche nicht mehr den »Jungfernkranz« tragen, zum Zeichen ihrer Schmach wurde ihnen einer aus Stroh aufs Haar gedrückt. Bei so strengen Sitten musste es natürlich auch eine Regelung für den Fall des Betrugs geben: Das so genannte Kranzgeld erhielten diejenigen Frauen, die dem fleischlichen Drängen ihres offiziell Verlobten (das Paar wurde vor versammelter Gemeinde und dem Priester einander »versprochen« und damit auch das Aufgebot bestellt) nachgegeben hatten, aber von ihm am Ende doch nicht geheiratet wurden. Das entsprechende Gesetz, das diese Entehrung mithilfe materieller Entschädigung regeln sollte, wurde am 1.1.1900 (!) – im Paragraphen 1300 BGB festgeschrieben. Die Juristen hatten dafür einen despektierlichen Merksatz: *»Der heilige Geist ist sehr verwundert, Maria klagt aus 1300.«* Noch 1993 klagte eine Sitzengelassene auf tausend Mark Entschädigung, indem sie sich auf diesen Paragraphen bezog. Das Gericht wies die Klage mit der Begründung ab, dass das Gesetz nicht mehr zeitgemäß sei. So komisch man diese juristische Spitzfindigkeit an sich finden mag, so ist sie doch auch wieder typisch für die Art und Weise, wie Männer oft heute noch mit Frauen umgehen. Denn dieses Gesetz war zum Zeitpunkt der Klage noch in Kraft. Sonst hätte man es nicht am 4. Mai 1998 ersatzlos streichen können – ausgerechnet im Wonnemonat Mai!

Die Sache mit der Jungfernschaft hat sich heutzutage gründlich gewandelt. Männer legen keinen Wert mehr darauf, im Gegenteil, sie werden verlegen, wenn sie bemerken, dass sie als »Erster« eine gewisse – zumindest emotionale – Verantwortung »aufgebürdet« bekommen haben. Gleichzeitig erfüllt es sie mit Stolz, auf diesem jungfräulichen Venushügel ihre Fahne gehisst zu haben. Sie erheben sehr schnell Besitzansprüche auf das weibliche Territorium, nehmen es aber gleichzeitig selber mit der Treue nicht so genau. Ihr Entdecker-Gen schlägt immer wieder durch.

Angesichts der Zustände auf der Erde kann man sich ja schon manchmal fragen, warum Billionen für die Raumfahrt ausgegeben werden und ferngesteuerte Sonden jeden Stein auf dem Mars umdrehen sollen, während unter unsere irdischen Teppiche ganze Geröllhalden von Unerledigtem gekehrt werden. Und die Sternenreisenden aller Nationen garantiert auf außerirdischen Besuch genauso wenig vorbereitet sind wie unsere deutschen Speerspitzen einst auf die Wiedervereinigung. Zugegeben, die Weltraumforschung hat sicherlich auch ein paar Erfindungen hervorgebracht, die uns auch auf der Erde nützlich sein können – typisch Frau, mir fällt im Moment nur die beschichtete Bratpfanne ein – ich bitte um Verzeihung, wohl wissend, dass es das allein bestimmt nicht war und ist!

Die Aufnahmen aus dem Weltraum, die unseren wunderschönen »blauen Planeten« zeigen, lösen bei Männern und Frauen völlig verschiedene Reaktionen aus: Frau ist gerührt und mit all ihren mütterlichen Instinkten konfrontiert. Sie schaut sofort nach ihren schlafenden Kindern, streicht deren Decken glatt und beschließt, ab sofort nur noch im Bioladen einzukaufen. Kinderlose kramen nach dem letzten Anschreiben von Greenpeace und sind festentschlossen, doch endlich Mitglied zu werden. Oder ist es klüger, eine indische oder afrikanische Kinder-Patenschaft zu übernehmen? Oder die Weihnachtskarten der SOS-Kinderdörfer zu bestellen – die sind zwar nicht schön, aber der Betrag würde helfen ...

Männer hingegen beschließen, nun doch endlich das wunderbare Dampfmaschinen-Modell zu kaufen, das sie neulich im Shop des Deutschen Museums gesehen haben. Und da war doch auch noch irgendwo der Ausriss des FAZ-Artikels, der über die maßstabgetreuen Städte-Papier-Ausschneide-Baubogen berichtet hat. Ganz Rothenburg, Haus für Haus innerhalb der Stadtmauer aus Papier hochzuziehen – was für eine Pracht und was für ein Vergnügen das sein müsste! Aber auch die Modellflugzeuge sind verlockend, von denen Freund Dieter neulich so geschwärmt hat. Es gibt einen richtigen Club mit Vereinshaus (und Kneipe!), da wäre man unter lauter Gleichgesinnten und könnte vielleicht auch mal einen Preis gewinnen.

»Der Mann der Zukunft« ist nicht so zögerlich. Ich habe ihn in meinem Buch »Wer Kollegen hat, braucht keine Feinde mehr« so beschrieben: Er ist ein Computerfreak und kann jedes Passwort knacken; er produziert ungewöhnlich originelle Bildschirmschoner und nimmt während des Festivals der »Ars electronica« Urlaub, um in Linz Menschen zu treffen, die genau wie er nicht in der Eisenbahnzeit hängen geblieben sind; er kennt die neuesten Computerspiele schon lange, bevor sie auf dem Markt sind, und ist mit allen namhaften Science-Fiction-Autoren in E-Mail-Kontakt. Der Mann der Zukunft kann es kaum erwarten, dass der Mensch serienmäßig Computerchips implantiert bekommt, damit die Menschheit endlich die Erdenschwere und das technische Steinzeitalter hinter sich lassen kann. Über die Ängstlichkeit der Leute in Bezug auf genetisch veränderte Lebensmittel könnte er sich totlachen und auch darüber, dass ein paar hoffnungslos Zurückgebliebene dem Korken in der Weinflasche nachtrauern. Er fiebert den Replikationsmaschinen entgegen, die per Knopfdruck ein Stück Sachertorte, ein Wiener Schnitzel oder eine Kaschmirdecke produzieren können. Wer jetzt glaubt, dass der Mann der Zukunft spinnt, sollte ruhig mal ein paar Wissenschaftsreports lesen oder »Star Trek« schauen – so weit weg von alldem sind wir wahrscheinlich gar nicht. Auch das Magazin »nano« auf 3sat bringt gelegentlich deutliche Hinweise auf diese Art »moderner Zeiten«. Nur beruhigend, dass die meisten von uns sich das dann schon von Wolke sieben aus betrachten können!

Männliches, Verzeihung, menschliches Versagen sollte in dieser Zukunft allerdings ausgeschlossen sein. Ich erinnere mich an den Horror-Science-Fiction-Film »Die Fliege«: Da wurde mit einem »Transmitter« experimentiert. Ein solcher löst Gegenstände und Lebewesen in ihre einzelnen Atome auf und setzt sie an einem anderen Ort wieder richtig zusammen. Dummerweise befand sich mit dem Helden eine Fliege in dem Transportgerät, deren Gene sich beim »Zusammensetzen« in die des menschlichen Versuchskaninchens mischten. Der Fortgang des Films machte deutlich, dass Kleinigkeiten – wie beispielsweise Fliegen – große Wirkung haben können.

Nun will ich künftige Pioniertaten des Bahnbrechers Mann ganz und gar nicht lächerlich machen. Ganz im Gegenteil. Wenn die alten Griechen und Römer unsere heutige Welt betrachten könnten, würden sie wahrscheinlich »Bauklötze« staunen. Noch Peter Roseggers Großvater hielt die Erfindung der Eisenbahn für Teufelszeug – allerdings nur so lange, bis ihn die Neugier besiegte und er das Dampfross mit seinem Enkel bestieg. Und wenn wir Kinder der neuesten Neuzeit nur daran denken, wie wir über die Erfindung des Fotokopierers oder des Faxgerätes staunten. Das ist jetzt auch schon wieder »altes Eisen«. Selbst das Internet ist uns längst zur Gewohnheit geworden. Die Kinder unserer Enkelkinder werden Briefmarken so exotisch finden wie wir Pferdekutschen. Vor noch nicht einmal zehn Jahren habe ich meine Konzern-Vorgesetzten mit Vorträgen darüber genervt, dass das E-Mail-Unwesen Kommunikationsdefizite erzeuge, und mich geweigert, mir so ein Computer-»Ofenrohr« auf den Schreibtisch stellen zu lassen. Erst das kleine Laptop, das so ein schönes Styling hat (und an die Form eines schmalen, großformatigen Buches erinnert), konnte mich verführen, in die www-Zeiten einzusteigen. Heute kriegt man mich kaum von diesem Kommunikations-»Spielzeug« weg. Und ich bin ganz traurig, weil so viele ältere Freunde einfach nicht einsteigen wollen, was ihren sozialen Radius doch so enorm erweitern könnte.

Es gibt ein Gebiet auf dem Unterhaltungssektor, das Wissenschaft, Technik und Zukunftsforschung perfekt vereint, und das ist die so genannte »Science-Fiction«. Ein schöneres Spielfeld für den Bahnbrecher Mann gibt es nicht. Und es sind mit die Klügsten aus den genannten Sparten, die sich damit beschäftigen. Längst hat SF die rein technischen Felder verlassen. Denken Sie an Filme wie »Planet der Affen« (Darwin hätte seine Freude daran, weil unsere behaarten Brüder darin dieselben Fehler machen wie wir) oder Kubricks »Odyssee im Weltraum«, aber auch die großartigen SF-Romane von Stanislaw Lem und Isaac Asimov: Alles soziologische Versuchsanordnungen, die sehr spannend zu lesen sind. Diese kunstvollen Gedankenspiele auf wissenschaftlicher Basis haben längst auch breiteste Bevölkerungsschichten erreicht. Ob unsere Welt und unsere menschlichen Verhaltensweisen nur in anderem Setting nachgespielt werden, oder Autoren ganz neue Lebenswelten entwerfen – fast immer sind es männliche Visionen, die da geschrieben, gezeichnet oder verfilmt werden. Sie berücksichtigen darin durchaus, dass sich das Verhältnis und das Zusammenleben von Mann und Frau geändert hat. Nicht immer, aber immer öfter.

Eine, vielleicht sogar *die* erfolgreichste Heftchen- und Bücherserie dieses Genres ist »Perry Rhodan«. Seit 1961 wogt in diesem künstlichen Abbild der uns bekannten und noch unbekannten Welt(en) der Kampf zwischen Ordnung und Chaos, also zwischen Gut und Böse, hin und her. Pro Woche (!) werden allein in Deutschland angeblich 135 000 Stück dieser Endlosserie verkauft. Die Verkaufszahlen von Ländern wie Brasilien, China, Frankreich, Italien, Japan, Russland, Tschechien und den Niederlanden habe ich nicht recherchiert, aber sie dürften ebenfalls beträchtlich sein.

Beweis genug dafür, was für eine enorme kreative Schöpfungskraft der Mann entwickeln kann, wenn es um seinen Pioniertrieb geht, um die Möglichkeit, etwas zum ersten Mal zu denken, zu entwerfen und zu tun. Ein bisschen was davon, ihr Männer, nur ein ganz kleines bisschen, könntet ihr doch auch in den Alltag auf Erden und das Zusammenleben mit euren Frauen und Kindern investieren, ach, wäre das herrlich! Dann würde das berühmte weibliche »Herr, wirf Hirn vom Himmel!« vielleicht auch bei uns dem männlichen »Beam me up Scottie!« weichen.

Von Männern, Lust und Frust

21

Wenn Frau dem Manne im Haushalt alles aus der Hand nimmt und ungefragt hinter ihm herräumt, muss sie sich nicht wundern, dass er sich um Ordnung nicht mehr kümmert. Dass er nicht weiß, wo das Schuhputzzeug ist, wo die Kopfschmerztabletten und wo sein warmer Schafwollpulli mit dem Zopfmuster, den er gerade jetzt dringend braucht. Schlaue Männer kriegen ganz schnell spitz, dass Frauen dazu neigen, im »trauten Heim« ihre eigenen Systeme durchzusetzen (mit denen sie durchaus auch Macht ausüben) – und kümmern sich dann um nichts mehr. Wer da nicht rechtzeitig eine Ordnungsabsprache trifft, hat schon verloren. Denn was Hänschen nicht lernt, lernt Hans nimmermehr. In solchen Paarungen sieht es so aus, als hätte Gott dem Mann die Stimmbänder nur gegeben, um zu fragen: »Liebling, wo ist …?« Dass Hausfrauen ihren »Laden« nach Gutsherrinnenart (meist allerdings ohne das dafür notwendige »Gesinde«) führen, ist durchaus in Ordnung, jeder Mensch muss schließlich seinen Arbeitsplatz selbst organisieren dürfen. Aber: gleiches Recht für alle. Wenn es nicht so traurig wäre, könnte man sich gelegentlich totlachen, worüber sich so manches Paar in die Haare kriegt, wenn er eine Baby-Auszeit nimmt und für kurze Zeit den Hausmann spielt, während sie wieder in den Beruf geht: Sie sieht abends – völlig geschafft von einem langen Arbeitstag und leicht gereizt – zufällig, wie er Hemden bügelt. Und ist entsetzt. Und belehrt ihn: Zuerst natürlich den Kragen und die Manschetten, dann die Ärmel, dann die Schulterpassen und dann erst den Rest! Das leuchtet doch jedem Menschen ein! Was Er wiederum gar nicht verstehen kann – gebügelt ist gebügelt! Solange keine Fältchen reingebügelt werden, ist doch völlig egal, wie er zum Endergebnis kommt (womit er recht hat). Aus und fertig! Und Unterwäsche muss seiner Meinung natürlich gar nicht gebügelt werden. Wozu gibt es Weichspüler? Sie: »Was, du hast Weichspüler gekauft? Schaff den sofort aus dem Haus! Das ist in höchstem Maße umweltschädlich. So was machen wir nicht mit!« Der frischgebackene Familienmanager ist zunehmend frustriert. Auch darüber, dass er ausgeschimpft wird, weil er einen Wäschetrockner angeschafft hat. Dieses nützliche Gerät erspart doch das nervtötende Wäscheaufhängen und schafft Spielzeit für die Kleinen. Aber nein, Sie ist sauer: »Das schadet den Textilien und nutzt die Fasern ab! Wir geben das Geld doch nicht dafür aus, ständig neue Klamotten und Wäsche anzuschaffen!« Typische Rangeleien zwischen Spezialisten (jahrhundertelange Erfahrung in den Genen!) und Neueinsteigern (Hauptsache, es ist alles ordentlich erledigt!). Es geht dabei aus Sicht des Mannes um die Nummer »Das haben wir immer so gemacht!«, die alle jüngeren Berufstätigen schon im Büro zur Weißglut bringt.

Dieses Beispiel könnte den Schluss nahelegen, Frauen seien pedantischer als Männer. Das ist jedoch ein Irrtum – sie verteidigen in den geschilderten Fällen nur ihr Organisations-System, weil sie es durch Veränderung angegriffen sehen und damit ihr Selbstverständnis und ihre Qualitätsbeurteilung als Hausfrau und Mutter.

Eine Freundin – schwer verliebt und sicher, »Mister Right« und damit den Mann des Lebens gefunden zu haben – erfuhr den Schock ihres Lebens, als sie auf der Suche nach einem Badetuch den Wäscheschrank ihres Auserwählten öffnete. Dort waren – alle Stücke militärisch auf Kante geordnet – an den Vorderseiten der Regalbretter fein säuberlich beschriftete Schildchen angebracht, mit bunten Reißzwecken festgeheftet: 6 weiße Handtücher, 4 blaue Handtücher, 6 braune Handtücher, 2 weiße Badetücher ... und so fort. Sie war wie vom Donner gerührt, und das hoch lodernde Feuer der Verliebtheit stürzte in sich zusammen, wie abgebrannte Scheite in einem offenen Kamin. Musste man von so einem Ordnungsfanatiker nicht auch befürchten, dass er Buch über seine Freundinnen führte und ihre Attraktivität und ihre sexuellen Gewohnheiten auflistete? (Er hat, auch wenn Sie es kaum glauben!) Ich hatte mit diesem Mann beruflich zu tun und konnte mir nach diesen Informationen meiner Freundin eine ganze Menge seiner seltsamen Verhaltensweisen endlich erklären.

Ordnungswütige Männer sind aus verschiedenen Gründen schulmeisterlich und kleinkariert: Sie haben Angst vor dem Kontrollverlust an sich. Pedanten sind nach Sigmund Freuds Trieblehre in ihrer »analen Phase« steckengeblieben. In dieser »Töpfchenphase« erfährt das Kleinkind seine Reinlichkeitserziehung, lernt soziales Miteinander und mit Konflikten umzugehen. Wenn in dieser wichtigen Lernzeit erzieherisch etwas schiefgeht, kriegen wir es später mit erwachsenen »Kontrollfreaks« zu tun. Mit übertriebener Ordnung versuchen diese Männer unterbewusste Ängste zu bändigen, die meistens aus ihrer Kindheit stammen. Ein Übermaß an Strenge und emotionaler Kälte der Eltern kann die Ursache dafür sein.

Was halten Sie von folgender – wahren – Geschichte: Eine Frau wünscht sich eine neue Einbauküche. Das Geld dafür ist da und sinnvoll wäre die Anschaffung auch, weil die vorhandene Kücheneinrichtung in keiner Weise mehr zeitgemäß zu nennen ist. Der E-Herd ist alt, einen Geschirrspüler gibt es nicht, und der Kühlschrank hat allenfalls noch antiquarischen Wert. Der Ehemann reagiert unlustig auf das »ewige Thema« der neuen Küche. Also macht Frau sich allein auf den Weg und weiß auch sehr bald, was sie möchte. Um die Dimensionen der Anschaffung einigermaßen abschätzen zu können, müsste die Küche zunächst grob vermessen werden. Worum sie ihren Mann bittet, weil sie Sorge hat, mit dem Metermaß nicht genau genug umzugehen und weil sie »ihn« außerdem endlich irgendwie einbeziehen und zum Mitmachen motivieren will. Das macht den Kerl so wütend, dass er türenschlagend das Haus verlässt und eine Stunde später mit Millimeterpapier wiederkommt. Es der Frau zusammen mit Zollstock, Lineal und Bleistift auf den Tisch knallt:

»Wenn du nicht in der Lage bist, mir genau und maßstabgetreu aufzuzeichnen, was du wo wie in dieser verdammten neuen Küche haben willst, wirst du mit der alten weiterleben müssen. Ich fahre übers Wochenende zum Fischen, und am Sonntagabend erwarte ich von dir bei meiner Rückkehr, deinen Traum exakt und millimetergenau auf diesem Papier eingezeichnet vorzufinden! Erst dann reden wir weiter!« Wollen Sie wissen, wie es ausgegangen ist? Die beiden sind längst geschieden. Das Erste, was die Frau tat, nachdem sie das Scheidungsgericht verließ: Sie bestellte eine neue Küche, die von den Schreinern in einer Stunde vermessen, nach sechs Wochen geliefert und in sechs Stunden eingebaut war. So viel zu Männern und Millimeterpapier.

Wer kennt sie nicht, die männlichen Kollegen, deren Schreibtische am Abend total »geputzt«, also leer sind? Was so viel bedeutet (oder bedeuten soll) wie: »Seht mal her, ich bin ein Boss. Meine Arbeit spielt sich im Kopf ab, denn dort spielt die Musik der Macht!« Oder: »Bei mir liegt nichts rum, denn ich habe alles erledigt und bin auf dem Laufenden.« (Davon kann Frau nach jeder Familienabfütterung nur träumen, Geschirrspüler hin oder her! Und das jeden Tag, den Gott werden lässt, immer wieder aufs Neue!) Auch der Typus von Schreibtischtiger, dessen

Papiere wie mit dem Lineal gezogen parallel zur Schreibtischunterlage parat liegen, ist eine vertraute Erscheinung. Ordnungsfetischisten, die bei jedem Gespräch an diesen Unterlagen mit den Händen herumzirkeln und Papiere nervös auf Kante stoßen. Immer und immer wieder. Es sind geborene Bürokraten, für die Papiere, Statistiken und Aufstellungen wichtiger und realer sind als die Inhalte und Anlässe, die sich in diesen Unterlagen spiegeln. Und die ständig ihre Hände in Unschuld waschen. In der Unschuld keimfreier (und emotionsloser) Ordnung. Womit rein gar nichts gegen Ordnung gesagt sein soll – die hat schon ihren wohltuenden Sinn, wenn sie nicht ins Pathologische ausartet.

Unsere Industriegesellschaft weckt in ihrer Komplexität, die kaum ein Mensch mehr ganz durchblicken kann, den Wunsch nach Ordnung und Überschaubarkeit. Für viele Männer erfüllt sich diese Sehnsucht nach Übersichtlichkeit in einem Hobby. Das befriedigt den Jagd- und Sammeltrieb des Urmenschen im Mann. Frauen betreiben selten Hobbys, die sich nur mit »Dingen« beschäftigen. Ihre Freizeitbeschäftigungen haben meistens kommunikative, meditative oder praktische Aspekte. Wenn Männer anfangen, hobbymäßig etwas zu sammeln, lauert das »Besitzen- und Beherrschenwollen« in ihrem Unbewussten, das befriedigt zu werden wünscht. Dann bricht der im Beruflichen oft zu kurz kommende Dominanztrieb durch. Oft genug arten diese männlichen Steckenpferde sogar ins Krankhafte aus, was sich beispielsweise im »Messie-Syndrom« (das Gesammelte führt zur Vermüllung) niederschlagen kann. Wer seit Jahren keine Zeitung mehr wegwirft (weil er vielleicht irgendwann nach der Pensionierung die Todesanzeige von Aufsichtsrat Müller noch einmal nachlesen will oder schlicht und einfach in dem Wahn lebt, das gesammelte Journalistenwissen der letzten zehn Jahre »griffbereit« um sich haben zu müssen), wird bald in einer Müllhalde aus Papier leben. Auch die Sammler von bedruckten Plastiktüten sind oft nicht ganz bei Trost, ebenso wie jene von Kronkorken oder Bierdeckeln.

Das Sammeln von Dingen ist ganz gewiss nicht grundlegend zu verdammen. Es entspannt, wirkt stressabbauend und hilft gegen Langeweile, fördert gelegentlich sogar die Weiterbildung. Denn wer sich mit Blechautos beschäftigt, interessiert sich bestimmt für die Geschichte des Automobilbaus, oder wer Comichefte sammelt, hat sich wahrscheinlich auch mit der Lebensgeschichte der Zeichner und den gesellschaftlichen Hintergründen ihrer Inhalte beschäftigt. Aber man kann das damit verbundene Abtauchen, das Verschwinden in die eigene Welt (»Wo ist Papa?« – »Na, wo schon? Im Hobbykeller/Studio/in der Garage!«), das oft genug eine Flucht in eine Wunschwelt ist, durchaus auch sehr kritisch sehen. Wenn sich »Papa« nicht mit der Rechtschreibschwäche seines Sohnes auseinandersetzen will, oder die sozialen Kontakte, die sich Frau verzweifelt bemüht, aufrechtzuerhalten, eher fürchtet – ja dann weicht er dahin aus, wo er der »König aller Reußen« ist. Da ist er nicht nur Mensch, da darf er sogar gekröntes Haupt sein, und alle Zinnsoldaten hören auf seinen Befehl. Da mögen die da oben im Wohnzimmer Kaffeeklatsch abhalten, so viel sie wollen, und sich über den Sinn und Unsinn von Zahnspangen einen Wolf reden. Papa schlägt die Schlacht von Waterloo auf seine Weise.

So verhalten sich vor allem Männer, die im Berufs- und Alltagsleben nicht genügend Anerkennung erfahren. Im Kreis von gleichgesinnten Sammlern und auf Sammlerbörsen werden sie respektiert, sind vielleicht sogar hoch geschätzt. Sigmund Freud, der übrigens selbst ein leidenschaftlicher Sammler von Skarabäen, Ringen und Statuetten war, ging sogar so weit, dass er hinter (übertriebener) Sammelleidenschaft eine Ersatzbefriedigung zur Kompensation unerfüllter sexueller Wünsche vermutete.

Das Sammeln und Horten kann auch aus Angst vor Mangel resultieren. So gerne die ganze Familie selbstgemachte Marmelade oder Eingewecktes isst – manche Frauen, vorwiegend diejenigen, die in Kriegszeiten noch Kinder waren, übertreiben bei deren Hortung gehörig. Eine vierköpfige Familie ist mit je zwanzig Gläsern Erdbeer-, Himbeer-, Brombeer- und Johannisbeer-Marmelade eindeutig überversorgt. Zumal alle wissen: Der nächste Sommer kommt bestimmt. Und damit der Nachschub. Männer haben in Bezug auf das Horten andere Ängste:

Sie horten Schrauben, Nägel, Fahrradschläuche- und Ventile, Schmirgelpapier und Ersatzbohrer, Schraubenzieher in allen Größen und Kabel in allen Farben, Steckdosen und Isolierbänder, Lüsterklemmen und angebrochene Farbtöpfe, Gipsreste und Pinsel, Teppichbodenflecke und Tapetenleim. Sie fühlen sich damit für alle Fälle gerüstet – wahre Überlebensmeister. Was nichts daran ändert, dass immer genau die Glühbirnen durchbrennen, für die gerade kein Ersatz im Haus ist und die Dübelschrauben für die zwei Bilder fehlen … aber darüber sprachen wir schon.

Falls Sie jetzt glauben, dass hier Männer älteren Kalibers beschrieben sind, dann täuschen Sie sich aber gewaltig. Dann haben Sie noch nie die Garage oder Werkstatt eines Motorradfreaks gesehen, oder das Zimmer eines Computerfanatikers, eines Hobbyfunkers oder eines ganz normalen Hobbymusikers.

Aber – um der Wahrheit die Ehre zu geben – wir alle haben dem Jagd- und Sammeltrieb des Mannes, der alles ganz genau nimmt, auch teilweise unser »Gedächtnis der Welt« zu verdanken. Hätten die Herrscher und Fürsten vergangener Zeiten nicht die herrlichsten Kunstschätze zusammengetragen, in deren Glanz sie sich sonnen (und ihre Macht demonstrieren) wollten, gäbe es weder die atemberaubenden Schönheiten in den restaurierten Bauten der Museumsinsel in Berlin, noch den Louvre in Paris und auch nicht die Uffizien in Florenz. Und auch nicht all die übrigen Schätze der Menschheit in Museen auf der ganzen Welt, die nicht mit Geld zu bezahlen sind. Wir könnten auch nicht sehen, wie unsere Vorfahren gelebt haben – sei es nun in Höhlen, Pfahlbauten oder Blockhütten. Museen repräsentieren unser kollektives Gedächtnis und zeigen die schönsten Seiten des Menschseins – jenseits von Krieg und Vernichtungswillen, die der Anblick von Kunst für kurze Zeit vergessen machen kann. Mehr noch, diesen Werken wohnt eine unwiderrufliche Verheißung, ein Glücksversprechen inne. Und wir haben sie nicht nur den Genies zu verdanken, die sie geschaffen haben, sondern auch denjenigen, die ihr Leben dem Sammeln und Bewahren verschrieben haben. Männern, die sich akribisch und mit aller Leidenschaft einer Sache verschrieben haben.

Von Männern, Müttern und Vätern

22

Frauen haben den Männern einiges, das aber ganz sicher, voraus: Sie sind es, die die Kinder auf die Welt bringen. Nach neunmonatiger, schwerer körperlicher (oft auch seelischer) Belastung – und nicht selten allein gelassen vom Kindsvater. Aber bevor, beziehungsweise damit es so weit kommt, hat die Natur eine raffinierte männliche Invasion ersonnen. Ein einziges Mal Liebe gemacht, und schon stürmen 40 bis 120 Millionen Spermien auf die weiblichen Eizellen ein, das kann Frau nur als Übermacht seltenen Ausmaßes bezeichnen. Falls der Zeitpunkt der richtige ist, gibt es vor dieser Flut geballten Schöpfungswillens kaum ein Entrinnen. Die kleinen Kerle – von denen jeder ein großer Mensch werden will – machen auf ihrem Weg auch eine gehörige Menge Wind: Mit 800 Schwanzschlägen pro Zentimeter, legen sie immerhin drei bis vier Millimeter pro Minute zurück. Und selbst diejenigen, die nicht in die Nähe des dafür vorgesehenen Ziels gelangen, geben nicht so schnell auf: Spermien innerhalb eines an der Luft getrockneten Spermas können bis zu zwölf Stunden überleben. Das ganze Unternehmen ist zudem auch noch pfauenhaft aufgeputzt: Unter UV-Licht leuchtet Sperma bläulich – auch durch Waschen lassen sich diese fluoreszierenden Eigenschaften nicht aus Gewebe entfernen. Das Leben leuchtet also.

Angesichts dieser hoch effizienten Hightech-Geschütze nagt es wahrscheinlich unterbewusst umso mehr an den Männern, dass sie nach der erfolgreichen Invasion ihrer Spermien zur Geburt ihres Nachwuchses nicht mehr viel beitragen können. Wo sie doch immer alle tollen und genialen »Sachen« so gerne allein und ohne Hilfe zu Ende bringen. Wahrscheinlich ist der von Freud erfundene und den Frauen unterstellte Penisneid ein großer, professoraler Irrtum. Ich tippe eher umgekehrt auf einen (wenn auch unbewussten) Gebärmutterneid der Männer. Denn bei den Kindern müssen sie plötzlich nach der Zeugung den Frauen das Feld überlassen. Die dann auch noch – aus Männersicht – so einen Wirbel um die Sache machen und oft nur so tun, als würden sie die Väter an die Winzlinge heranlassen wollen. Viele Frauen signalisieren den Kindsvätern durchaus, dass die Brutpflege einzig und allein weibliches Feld ist – reagieren sogar eifersüchtig und giftig, wenn da zu viel väterliche Nähe angepeilt wird. Die »neuen Väter«, nach denen so heftig gerufen wird, werden ja weniger wegen der angeblich fehlenden Nähe zu den Kindern gesucht, sondern vor allem deshalb, um Müttern Freiraum für eigene Interessen und Verschnaufpausen zu verschaffen. Was dringend nötig und total in Ordnung ist. Nur ist die Argumentation vieler Frauen eine »schräge«: Gesucht wird in Wahrheit oft nur ein Familien-Job-Sharing-Partner, aber gerufen wird von den Frauen nach einem sensibleren Mann, der das neue Vatersein annimmt.

Die Wahrheit ist: Auch Väter »bekommen« Kinder und zeugen sie nicht einfach – zufällig – so nebenbei. Angesichts dieser Tatsache ist die Richtung, in die der Forschungsdrang die Menschheit gerade katapultiert, eine fatale: Denn die Wissenschaft hat sich in ihrer unersättlichen Spezialisierungswut dermaßen viel zum Thema Menschwerdung einfallen lassen, dass wir Frauen den Mann an sich nicht mehr benötigen, um Kinder zu bekommen. Als unbeteiligter Beobachter (was nicht geht, weil Frauen und Männer in der »Sache« auf jeden Fall »Partei« sind), könnte man zu dem Schluss kommen, dass Kinderkriegen in unseren Tagen dem ganz normalen Wahnsinn des Konsumverhaltens anheimgefallen ist. Die Reproduktionsmedizin boomt, künstliche Befruchtung in allen nur erdenkbaren medizinischen Varianten wird in bunten Prospekten und im Internet angeboten, das Wort »Leihmutter« ist in den allgemeinen Sprachgebrauch eingegangen, Samenbanken schießen aus dem Boden wie die Pilze … und wenn all dies trotzdem zu keinem Ergebnis führt, bestellt man sich Kinder aus Osteuropa, Afrika oder Asien via Agentur, weil die Adoptionsverfahren bei uns zu kompliziert und langwierig sind. Alles scheint machbar, zumindest für diejenigen, die Geld haben. Für alle anderen ist weiterhin das Schicksal zuständig!

Aber sehen wir von diesen Extremfällen und der verzweifelten Suche nach Auswegen aus der Kinderlosigkeit einmal ab, so bleibt doch (vorerst) noch alles beim Alten: Selbst nach Scheidungen. Mütter, Kinder und Väter sind untrennbar miteinander verbunden. Das Patriarchat, also »die Herrschaft der Väter« ist nach wie vor intakt, wenn auch in abgesofteter Form, und es ist auch heute noch eng mit dem Status und der Bewertung von Männlichkeit verknüpft. Wobei sich die Vaterrolle natürlich sehr gewandelt hat: Während der Familienpatriarch des 18. Jahrhunderts der absolute und unangefochtene Herrscher über Frau, Kind und – so vorhanden – Gesinde war, verlor der Arbeitervater des 19. Jahrhunderts bereits spürbar an Autorität. Logisch, wer im Morgengrauen die Behausung verlässt und in der Dunkelheit verschwitzt, verdreckt und völlig abgeschafft in Arbeitsklamotten nach Hause kommt, kann nicht den Fürsten geben. Zumindest nicht glaubhaft. Trotzdem – der Haushaltsvorstand saß bei den Mahlzeiten dem Clan vor, bekam das Essen zuerst vorgelegt und davon die besten Stücke. Dieser Malocher-Typ wurde in der Mitte des letzten Jahrhunderts vom stolzen Alleinernährer-Vater des Wirtschaftswunders abgelöst. Der war der Zauberer von Oz, der seiner Familie mit immer neuen Errungenschaften imponierte – quasi als Ausgleich zu seiner ständigen Abwesenheit. Denn auch das änderte sich: »Am Samstag gehört Vati uns« – mit diesem Slogan wurde die Abschaffung der 48-Stunden-Woche eingeläutet, und der familiäre Wochenend-Terror nahm seinen Anfang. Damals meinten Männer noch, Bauknecht wüsste, was Frauen wünschen. Da hatten sich unsere Mütter zu freuen, wenn sie zum Geburtstag den neuesten Schnellkochtopf und zu Weihnachten einen Haartrockner geschenkt bekamen.

In den achtziger Jahren tauchte eine neue Sorte Vater auf – der um das Sorgerecht kämpfende Scheidungs-Mann. Er war mitten in die stürmischen Zeiten der Frauen-Emanzipation geraten und machte Erfahrungen, die ihn an die Auferstehung der weiblichen Kriegerkaste der Amazonen glauben ließen. Damals herrschten kriegsähnliche Zustände zwischen Vätern und Müttern, und Ersteren verging teilweise Hören und Sehen. Brechts »Kaukasischer Kreidekreis« erschien harmlos dagegen: Aus Männersicht war weit und breit kein weiser Richter zu sehen. Also wurde an den Kindern gezerrt und gezogen, manipuliert und indoktriniert, so dass manche von ihnen heute, als Erwachsene, immer noch an den Folgen laborieren.

Aber viele dieser heute erwachsenen männlichen Scheidungskinder sind gerade aufgrund ihrer schlechten Erfahrungen mit Eltern gute neue Väter geworden, akzeptieren ihre Frauen als gleichberechtigte Partner und verstehen Stück für Stück ihren Anteil an der Kinderversorgung und -erziehung mitzutragen. Heute »lernen« Männer über das engere Zusammensein mit ihren Kindern das »Handwerk der Liebe«. (Vorausgesetzt, sie haben es nicht mit einer Partnerin zu tun, die sich wie ihre Mutter verhält, denn dann packt sie wieder die Angst, und sie rennen in Panik vor allem, was mit Verantwortung und Familie zu tun hat, davon.) Selbstverständlich ist das immer noch nicht, aber die Neugierde auf diese neue Väterrolle wächst und auch die Bereitschaft, sie anzunehmen. Und sei es nur, um eine Weile dem Berufsstress zu entfliehen und wie ein freier, selbstbestimmter Mensch zu leben. Allerdings ist die Sache mit der »Freiheit« angesichts von Kleinkinderbetreuung ein sehr relativer Begriff. Mütter wissen ein Lied davon zu singen.

Dieses Liebenlernen von Vätern ist eigentlich auch schon von der Natur angelegt. Während der Schwangerschaft der Frau sinkt der Testosteron-Spiegel des Mannes (das »Aggressions«-Hormon nimmt also ab), was ihn weicher und fürsorglicher macht. Forscher haben herausgefunden, dass Pheromone der Frau diesen chemischen Prozess beim Mann auslösen. Paare, die in diesen neun Monaten also viel kuscheln, »produzieren« demnach ganz nebenbei einen liebevollen, fürsorglichen Papa für den kommenden Erdenbürger. Dass Menschen – Männer wie Frauen – auf Nachwuchs-Schlüsselreize reflexhaft positiv reagieren, beweist auch die Reaktion auf das so genannte »Kindchenschema«: Große Augen, Pausbacken, eine hohe vorgewölbte Stirn, kleiner Körper und großer Kopf – all das löst sofort den Beschützerinstinkt aus. (Diese nicht steuerbare Reaktion des Menschen nutzt die Werbung ebenso aus wie die Kosmetikindustrie. Und zwar schamlos. Wir alle fallen darauf herein, ohne viel dagegen tun zu können.)

Aber nicht alle Männer sind mit der Geburt ihres Kindes automatisch auf Vater geeicht. Frauen, die freiwillig allein erziehen, haben sich meist aufgrund ihrer negativen Erfahrungen mit Männern dazu entschlossen. Sie argumentieren damit, dass sie ihre Kinder aggressionsfrei aufwachsen lassen und sie nicht dem Vorbild der männlichen Ignoranz und Gleichgültigkeit aussetzen wollen. Dem ist jedoch zugunsten der Männer durchaus etwas entgegenzuhalten: Während Mütter das Hauptgewicht bei der Kinderversorgung auf Pflege, Gesundheitsfürsorge und gute Ernährung legen, wirken Väter initiierend und als Vorbilder für bestimmte Verhaltensweisen. Sie animieren

Babys zur Nachahmung (das können kleine schon früh, denken Sie nur an die Sache mit der herausgestreckten Zunge, was sie schon nach wenigen Wochen nachahmen), und locken mit Geräuschen und Bewegungen. Während Mütter emotionale Vorbilder sind, animieren Väter zur Bewegung (und später zum Sport). Erstaunlicherweise ist es dabei völlig egal, ob es sich um den leiblichen oder den »sozialen« Vater handelt. Fehlt ein solcher Vater, so kann das bei Kindern unter Umständen einen Mangel an Selbstbewusstsein zur Folge haben, ebenso wie schulische Leistungsstörungen. Im Erwachsenenleben von vaterlos aufgewachsener Kindern meinen Wissenschaftler eine höhere Anfälligkeit für psychische Erkrankungen und Suchtprobleme festgestellt zu haben. Friedrich Nietzsche, dem aufgrund seines messerscharfen Verstandes doch immer emotionale Kälte unterstellt wird, hat zum Thema Väter etwas Interessantes gesagt: *»Väter haben viel zu tun, um es wiedergutzumachen, dass sie Söhne haben.«* Nein, bitte kein Aufschrei wegen der Nichterwähnung von Töchtern: Es sind doch immer wieder die Söhne, die mit den Väter- (und Männer-)rollen nicht fertig werden. So wie es immer wieder die Töchter sind, die als Mütter ihre Kinder in Rollen quasi hineinerziehen, indem sie Mädchen und Jungen verschieden behandeln.

Die Teilung der Pflichten in der Nachwuchsversorgung und -erziehung ist ein ewiger Streitpunkt zwischen Mann und Frau. Im Tierreich gibt es zu diesem Thema interessante Beobachtungen zu machen. Bei monogamen Tierarten (wenn das Männchen sich also sicher sein kann, auf seinen eigenen Nachfahren herumzubrüten) teilen sich die Paare das Brut- und Fütterungsgeschäft. So hält es etwa das monogame Krallenäffchen-Paar und würde dafür von den Schimpansen wahrscheinlich als spießig bezeichnet. Denn der Schimpansen-Mann lässt den lieben Gott einen guten Mann sein und schert sich einen Dreck darum, wie die Schimpansin mit den Bälgern zurechtkommt. Die hat zum Ausgleich eine Solidargemeinschaft mit den Leidens- und Geschlechtsgenossinnen gebildet, was spitze funktioniert. (Ähnlich wie es ihre gestressten menschlichen Geschlechtsgenossinnen größtenteils auch schon seit ewigen Zeiten halten müssen.) So gesehen, sind männliche Schimpansen lediglich Lustspender und Beschützer der Gruppe. Das reine Beschützen ginge wahrscheinlich auch ohne sie, denn bei ihren Kämpfen handelt es sich doch sowieso nur um Revierstreitigkeiten, sprich Zoff um Nahrungsressourcen und die Weibchen. Wie bekannt uns das alles vorkommt! Hier die Krallenäffchen und dort die Schimpansen. Es gibt eben innerhalb aller Arten, die Gott geschaffen hat, solche und solche.

Angstfreie, ihrer selbst sichere und der Liebe fähige Männer sind wunderbare Väter. Da nimmt die vernünftige und gelassene Frau auch Sprüche wie »der Vater des

Gedankens« (als ob Frauen nicht auch merkenswerte Gedanken hätten), oder »der Erfolg hat viele Väter« (aber oft nur eine Mutter) nicht übel. Dass Wortschöpfungen und Sprüche, die die Mutter bemühen, sich meist auf sensiblere Gebiete beziehen, wie beispielsweise »Muttersprache« (im Gegensatz zu »Vaterland«) oder »Vorsicht ist die Mutter der Porzellankiste«, ist allerdings schon wieder bemerkenswert. Es gibt sie eben tatsächlich, die eher männlichen und die eher weiblichen Eigenschaften, damit werden wir uns abfinden müssen. Genauso wie sich Männer damit abfinden müssen, dass »Papa« meistens »nur« das zweite Wort ist, das Kleinkinder – nach »Mama« – sagen können. Was sich ja eventuell mit Änderung des traditionellen Rollenverhaltens umkehren kann. Die Frage ist nur, wie Frauen darauf reagieren werden. Denn Mutterschaft bedeutet für fast alle Frauen – zumindest in der herkömmlichen Familienstruktur Frau–Mann–Kind – auch ein Stück Macht. Sie ist, ob sich Frauen dessen bewusst sind oder nicht, doch auch ein Instrument, das sich für alles Mögliche einsetzen lässt. Die Schwangerschaft einer Frau löst bei jedem halbwegs anständigen, normalen Mann einen Verantwortungsreflex aus – selbst wenn er im ersten Moment nach Flucht- und Auswegen suchen mag. »Ich bin schwanger« wirkt auch heute noch manchmal wie ein »Sesam öffne dich«, um so manchen weiblichen Wunsch durchzusetzen. Bis hin zur Erpressung. Die beiden Geschlechter bleiben sich unter dem Strich an negativem Potential eben nicht so arg viel schuldig. Warum auch – sie sind vom selben Stamme!

23
Von Männern, Bäuchen und Toupets

Birkenwasser. Da hilft nur Birkenwasser, hätte meine Großmutter gesagt. Ich kann mich auch noch erinnern, dass im Badezimmer meiner Eltern so ein Haarwuchsmittel stand, das sich mein Vater jeden Tag (wahrscheinlich mit wachsender Verzweiflung) in die Kopfhaut massiert hat. Manchmal durfte ich das auch machen. Mit Begriffen wie Geheimratsecken, Glatze oder »Beatle mit Schiebedach« (Halbglatze) sind wir alle aufgewachsen. Der veranlagungs- oder altersbedingte Haarausfall wurde damals jedoch nicht als solcher Makel empfunden wie in unserer heutigen, vom Jugendwahn befallenen Gesellschaft. Dass ausgerechnet die Birke bei dünner werdendem Haar helfen soll, ist wohl ein kleiner Scherz der Natur (falls es überhaupt stimmt), denn die Birke ist eine so genannte Pionierpflanze. Sie ist eine der ersten Baumsorten, die sich auf freien Flächen ansiedelt. Ein Pionier, ganz so wie der Mann an sich, in seiner Sehnsucht nach bahnbrechenden Taten. Was für eine Kränkung, wenn sich auf der Kopfhaut nichts mehr Bahn bricht.

Womit wir bei einer der merkwürdigsten Männer-Eigenschaften gelandet wären: Der Eitelkeit. Aber halt, eitel sind wir Frauen auch, und das nicht zu knapp. Nennen wir die männliche Variante also gleich beim richtigen Namen: Narzissmus. Dabei können wir zunächst noch bei den Haaren bleiben. Ich vergesse niemals das Geschrei meines kleinen Bruders, wenn er merkte, dass es Richtung Friseur ging. Man musste ganze Taschen voll mit Lock- und Ablenkungsmitteln dabeihaben, damit der Mann mit Kamm und Schere seine Arbeit tun konnte.

Die Geschichte des alttestamentarischen Samson konnte mein Brüderlein mit vier oder fünf Jahren noch nicht kennen, also gehe ich davon aus, dass alle Männer – auch schon die ganz kleinen – ein Samson-Gen in sich tragen. Samsons Geschichte ist allerdings dermaßen tragisch, dass ich es verstehen könnte, wenn sie wie ein Marker in alle Männerhirne einprogrammiert wäre.

Schon bei Samsons Geburt wurde ihm fast übernatürliche Stärke prophezeit, vorausgesetzt, es würden ihm nie die Haare geschnitten. Nachdem er seiner Braut die Lösung eines Rätsels verraten hatte (die diese wiederum sofort weitertratschte), mit dessen Hilfe er reich werden wollte, erschlug er aus Zorn dreißig Philister. Inzwischen wurde seine Angebetete von deren Vater anderweitig vergeben und ihm zur Besänftigung ersatzweise die Schwester angeboten. Was die hell lodernde Wut des langhaarigen Samson weiter anfachte: Er zündete einem Rudel Füchsen die Schwänze an, worauf die in ihrer Pein durch die Felder des Schwiegervaters in spe jagten und gleich die Getreideernte des ganzen Dorfes mit abbrannten. Samson wurde überwältigt und mit starken Stricken gebunden. Die er kraft seiner Muskeln sofort wieder sprengte, nicht ohne anschließend in unbändigem Zorn 1000 Philister zu erschlagen. Danach emigrierte er nach Gaza, wo er sich in Delila verliebte und unklug genug war, ihr das Haar-Geheimnis seiner immensen Kräfte bei einem nächtlichen Stelldichein auf die Nase zu binden. Delila, nicht faul, schnitt ihm die Haarpracht kurzerhand im Schlaf ab und nahm ihm so alle Kräfte, sodass die Philister ihn blenden und gefangen nehmen konnten. Irgendwie war den Leutchen das aber immer noch nicht genug: Sie schleppten ihn nach einiger Zeit in eine Halle, wo sich 3000 seiner Peiniger an seinem Elend belustigen wollten. Samson riss jedoch die beiden tragenden Säulen des Gebäudes aus dem Fundament und damit seine Feinde mit sich in den Tod. Die Philister hatten nicht bedacht, dass ihm die Haare wieder nachgewachsen waren. Samson aber hatte bei seinem Tod mehr Philister getötet als zu seinen Lebzeiten.

Angesichts dieser alttestamentarischen Haar-Geschichte nehmen sich die 60 bis 120 Haare, die jeder Mensch täglich verliert (was als ganz normal gilt, Männer aber zur Verzweiflung bringt), wirklich lächerlich aus. Aber irgendwie scheinen Männer, da sie ja eher nicht im Verdacht stehen, sich für medizinische Lektüre zu interessieren, zu wissen, dass Haarverlust mit dem männlichen Hormon Testosteron zusammenhängt. Das allein lässt ihre inneren Alarmglocken offenbar schon schrillen – und schürt vielleicht des Knaben Kastrationsängste beim Friseur. Dass Eitelkeit auch komische Ergebnisse zeitigt, kann Frau heutzutage gar nicht so selten beim Friseur beobachten: Da sitzen immer öfter Kerle mit Dauerwellen-Lockenwicklern unter der Haube herum oder haben den Kopf voller Silberpapier beim Strähnchenfärben.

Aber bei den Haaren hört der männliche Narzissmus noch lange nicht auf. Wussten Sie zum Beispiel, dass die Sehnsucht der Männer nach Waschbrettbauch und Muckis einen neuen Beruf hervorgebracht hat? Er heißt »Fitnesskaufmann« und ist als Lehrberuf anerkannt. Was der Sohn eines ganz normalen steirischen Dorfpolizisten namens Schwarzenegger erreicht hat, das stachelt offenbar eine ganze Menge Männer enorm an. Zwar ist die Position des kalifornischen Gouverneurs nur einmal zu vergeben, aber ein paar Nummern kleiner geht's ja auch. Anabolika-Missbrauch inklusive. Der Wahn, seinen Körper nach eigenem Gutdünken modellieren zu können, hat schon längst einen klangvollen Namen bekommen: »Adoniskomplex«. Der oft mit Bigorexie, der krankhaften Sucht nach Muskelaufbau, zusammenhängt, was wiederum Essstörungen und Medikamentenabhängigkeit zur Folge hat.

Natürlich heben nur die wenigsten Männer, die Fitness-Studios besuchen, dermaßen ab. Aber die Sucht, »schön« zu sein, hat von der jüngeren Männergeneration in einem wirklich besorgniserregenden Ausmaß Besitz ergriffen, so dass Magersucht und Bulimie längst kein Exklusiv-Thema mehr für Frauen-Zeitschriften ist. Eine britische Studie, bei der 600 sechzehnjährige Jungs befragt wurden, hat ergeben, dass ein Drittel von ihnen unbedingt Gewicht verlieren will. Die Hälfte will lieber gut aussehen als gut Fußball spielen können. Ein Viertel möchte lieber schön als reich sein (hoppla – findet da gerade ein Paradigmenwechsel statt?), und jeder achte wäre bereit, dabei auch mittels plastischer Chirurgie nachzuhelfen. Die hoffen wohl alle, beim Fernsehen unterzukommen?

Wenn Frau also einen eitlen Pfau an ihrer Seite hat, der

zu wissen glaubt, dass man nach 18.00 Uhr keine braunen Schuhe mehr trägt, dass Lederherzen am Ellbogen des Pullovers out sind und der über 66 Arten kennt, eine Krawatte zu binden – dann sollte sie sich weniger über ihn lustig machen, als sich freuen. Denn der Wahn des Narziss hat noch nicht von ihm Besitz ergriffen – so ein harmloses Exemplar eifert doch nur dem »altmodischen« Vorbild des Gentleman nach. Das ist nichts als lobenswert, denn diese Männer-Marotte durften die meisten von uns noch gar nicht kennenlernen – sie ist bis jetzt außerhalb Englands äußerst dünn gesät gewesen.

Narzissmus ist gefährlicher – und bereits tief in unsere Gesellschaft eingedrungen! Der griechische Jüngling Narziss, der diesem Phänomen seinen Namen gab, verliebte sich in sein Spiegelbild: Da er sein Konterfei jedoch nicht fassen konnte, verzweifelte er an der Suche nach seiner Identität. Da diese Suche geradezu aussichtslos war – wer von uns weiß schon, wer er »wirklich« ist, auch wenn er als nachdenklicher Mensch ein Leben lang versucht, es herauszufinden, und ganze Heerscharen von Psychiatern und Psychologen prächtig davon leben – hatte das für den griechischen Narziss ebenso fatale Folgen wie für den realen Mann von heute. Ein geringes Selbstwertgefühl streitet sich in dessen Brust mit einer übertriebenen Einschätzung seiner Wichtigkeit. Taucht angesichts dieser Charakteristik nicht sofort ein ganzes Dutzend von Männertypen vor Ihrem inneren Auge auf? Der Narziss von heute kommt in verschiedenen Verkleidungen daher:

- da ist zum Beispiel der langhaarige Intellektuelle mit den dünnen Haaren (die immer irgendwie ungewaschen wirken), der, gebeutelt von Originalitätssucht und sprachlicher Gespreiztheit, verzweifelt um Worte und Begriffe ringt, die garantiert noch kein Fernsehzuschauer je vernommen hat;
- der schnittige, kurzgeschorene Yuppie, der es bei einem T-Shirt unter dem Designer-Jackett bewenden lässt, einen Diamanten im Ohr oder am Nasenflügel trägt und vor lauter Arroganz kaum laufen kann;
- der Aufsteiger-Kollege, der kein anderes Gesprächsthema als sich selbst kennt und keine Gefühlsregung zeigt, selbst wenn neben ihm ein Mensch zusammenbricht;
- der neue Nachbar mit dem schicken Oldtimer, der schon seit zwei Monaten in der Wohnung gegenüber wohnt, sich noch nie vorgestellt hat und auch nicht grüßt, wenn man ihm im Treppenhaus begegnet;
- der neue Praktikant, der besser angezogen ist als der Chef, und so tut, als hätte er die Weisheit mit Löffeln gefressen, und der an allen Kollegen vorbeistolziert, als ob sie Luft wären;
- der Jungmanager, der sich im Restaurant nicht bedankt, wenn ihm etwas serviert wird, der die Rechnung nicht abwartet, sondern einen Schein auf den Tisch wirft und grußlos geht;
- die kleinen, ewig musikhörenden Monster mit einem Stöpsel im Ohr, die nicht daran denken, in der S-Bahn einem alten Menschen einen Sitzplatz frei zu machen

– kennen wir sie nicht alle, diese arroganten, aufgeblasenen, selbstbezogenen, sich eiskalt gebenden Gockel, die den Eindruck vermitteln, ihnen gehöre die Welt? Die all ihr Geld in ihr Äußeres und den »schönen« Schein investieren und hinter den Türen ihrer Wohnungen (in teuren Vierteln) auf Obstkisten hausen, sich Fast Food reinziehen oder die Ravioli kalt aus der Dose löffeln, wenn sie nicht auf Kosten anderer speisen können? Sie reagieren unwillig auf Kritik, betrachten sie oft sogar als Ehrbeleidigung und würden am liebsten zum Duell fordern, wenn das heute noch möglich wäre. Falls diese neuen Männer-Typen noch einen Rest von Gefühl für Mitmenschen aufbringen, dann nur unter dem Aspekt, wie sie ihnen nützen könnten. Die Jung-Männerwelt der zur Spitze Strebenden ist kalt geworden, eiskalt. Wer darin oder daneben zurechtkommen will, muss sich sehr warm anziehen.

Wir sind längst eine narzisstische Gesellschaft geworden und die »produziert« zwangsläufig kontrollsüchtige Männer, die ständig auf der Suche nach Bestätigung und Erfolg sind. Das Ergebnis sind Egozentrik und Egoismus. Diese antisozialen, sich gnadenlos selbstüberschätzenden Männerdarsteller, die so tun, als hätten sie ihre Rolle gefunden, haben jedoch – je nach Charakter – auch andere »Ventile« für ihre Unsicherheit als die Kunst der Oberflächenpolitur: Krankhafte Aggressionen sind nicht selten, Zerstörungswut oder besorgniserregende Anflüge von Paranoia bis hin zu Sadismus und Hass. Narzissmus ist ein gesellschaftliches Strukturproblem geworden, das deutlich als der Gegenpol von Liebe auszumachen ist. Gruppendynamisch drückt sich das auch in übertriebenem Patriotismus und in Rassismus aus.

Es ist nicht so lange her, da sprach man noch von den großen Kränkungen der Menschheit: Dass wir feststellen mussten, nicht der Mittelpunkt des Universums zu sein; dass unsere Spezies vom Affen abstammt; und dass die Sache mit dem »freien Willen« eine fragliche, zumindest diskussionswürdige ist, da nur ein kleiner Teil des menschlichen Gehirns mit bewusstem Denken beschäftigt ist, weil da auch noch das Un(ter)bewusste existiert. Solche kulturhistorischen Überlegungen spielen heute nur noch für ein paar »Tiefschürfer von gestern« eine Rolle. Gegenwärtig scheint nur noch eine Sorge im Vordergrund zu stehen – wie lässt es sich anstellen, dass Mann gutaussehend, von allen beneidet und ewig jung ist? Auch dieses Phänomen hat einen Namen bekommen: das »Dorian-Gray-Syndrom«, nach dem gleichnamigen Roman von Oscar Wilde. Alt werden (oder aussehen) ist verboten! Das drückt sich in einer gestörten Wahrnehmung des Körpers aus und in der Unfähigkeit, erwachsen und reifer zu werden. Nach jedem Lifestyle-Angebot, jeder kosmetischen Finesse – von Haarimplantaten bis zur Nasenbegradigung, jeder neuen Diät und jedem Potenzmittel – wird gierig gegriffen, als wären es die Strohhalme, die vor dem Ertrinken bzw. dem gesellschaftlichen Tod retten könnten.

Eigentlich sind all diese irrationalen, übertriebenen

Verhaltensweisen bis noch vor wenigen Jahren fast ausschließlich Frauen zugeordnet worden. Natürlich will auch von uns nach wie vor keine alt werden und an Attraktivität verlieren, denn die überwiegende Zahl von Frauen hat ihr Selbstbewusstsein von jeher – leider – an die Akzeptanz durch Männer gekoppelt. Jetzt, da die weibliche Emanzipation anfängt, langsam, ganz langsam, in der Realität Früchte zu tragen, und Frauen durchaus imstande sind, ihr eigenes, von Männern unabhängiges Leben zu gestalten (ohne unbedingt in Depressionen zu verfallen), fangen die Kerle an durchzudrehen. Was Frauen an Gelassenheit hinzugewonnen haben, geht auf der Männerseite anscheinend gerade verloren. Wer das uns Frauen in die Schuhe schieben will, macht es sich dabei allerdings etwas zu leicht. In der vielgerühmten, von Männern erfundenen Marktwirtschaft heißt es doch immer, Konkurrenz – in dem Fall weibliche – belebe das Geschäft! Was ist denn nun damit?

Lasst euch bloß nicht von der kalten Schönheitswut eurer jüngeren Geschlechtsgenossen anstecken, ihr Männer der reiferen Generation. Frauen erkennen die Lächerlichkeit selbst des teuersten Toupets schon von weitem und ziehen aufgrund dieses Hangs zur »Kopf-Prothese« womöglich die ganz falschen Schlüsse. Denken Sie an den Spruch von »Tante Jolesch« in Friedrich Torbergs gleichnamigem Buch: »Was ein Mann schöner ist wie ein Aff', ist ein Luxus!«

Von Männern, Schrullen und Humor

24

Männer sind manchmal sonderbar. Wenn etwas sie sehr beschäftigt und interessiert, vergessen sie zu essen. Ihre Ohren tragen dann ein unsichtbares Schild, auf dem steht »Geschlossene Gesellschaft«. Sie brauchen keinen Schlaf, schauen nicht nach rechts und nicht nach links. »Die große Nummer wird gemacht, und wenn der ganze Zirkus kracht!« – das handhaben sie so im Beruf (Sonntagnachmittag: »Du, ich muss noch mal schnell ins Büro, etwas vorbereiten für morgen.«), und das machen sie so, wenn sie hinter einer bestimmten Frau her sind (inklusive stundenlangem Lauern im Auto vor ihrem Haus) und ebenso, wenn sie ein exzessives Hobby betreiben. Dann bauen sie den Kölner Dom aus Streichhölzern nach (exakt und maßstabsgetreu selbstverständlich), bugsieren in umständlichster Millimeterarbeit kleinste Bauteile von historischen Segelschiffen mit der Pinzette durch schmale Flaschenhälse und bilden so die »Mayflower« in einem Doppelliter-Gefäß in Miniaturform nach. Sie nehmen ihren Söhnen die Lego-Klötzchen weg und verbauen sie zu gigantischen Burgen und Schlössern (da können die Kleinen heulen, so viel sie wollen, sie dürfen trotzdem nicht mitmachen), sitzen nächtelang mit der Lupe über Bergen von Briefmarken (Fenster- und Türenöffnen bei Androhung von Todesstrafe strengstens verboten, wegen des Luftzugs! und zwar so lange, bis der Raum nach Grabesluft riecht, die langsam durch die Türritzen in den Rest der Wohnung zieht – von der entsprechenden Stille gar nicht zu reden) und kontrollieren Marke für Marke nach, ob nicht irgendwo eine Zacke fehlt. Andere wiederum spießen mit wissenschaftlichem Ernst Käfer und Schmetterlinge mit Nadeln auf. Weibliche Abscheu und Kritik wird mit dem Hinweis abgewehrt, dass der berühmte Ernst Jünger derselben Passion anhing, was in seinen »Subtilen Jagden« nachzulesen sei.

Aber auch das sonderbare ganz »normale« Alltagsverhalten von Männern lässt Frau immer wieder staunen:

- Männer brechen schier in Tränen aus, wenn ihre zwanzig Jahre alte Lieblingsjacke, die schon überall ausfranst und sich fast von selbst in ihre Bestandteile auflöst, von Frau entsorgt wird.
- Männer hassen es, Schuhe zu kaufen. Sie warten ab, bis Wasser durch die Sohlen der alten Latschen dringt und harren eines günstigen Momentes, in dem sie zufällig vor einem Schuhladen stehen und ebenso zufällig gerade in Stimmung sind, den ungeliebten Schuhkauf jetzt möglicherweise erfolgreich hinter sich zu bringen.
- Männer hassen es, ihre Frauen zum Klamotten-Einkauf zu begleiten – es ist ihnen höchst peinlich, weil sie ja »Farbe bekennen« sollen (Hilfe!). Wenn Frau mit dem vierten Kleid aus der Kabine kommt und sie zum vierten Mal stammeln: »Ja, das ist auch schön!«
- Männer hassen Schaufensterbummel, denn es könnte ja trotz anderer Absprachen (»Ich will nur ein bisschen gucken!«) zur zuvor geschilderten Situation kommen.
- Männer merken nicht, wenn Frau beim Friseur war, loben aber ein drei Jahre altes, oft getragenes Kleid: »Das ist aber hübsch. Ist das neu?« (Verrutschte Optik!)

- Männer fürchten den Moment, wenn Frau sagt: »Merkst du was?« Sie sind sofort erschrocken und schuldbewusst, glauben Geburts- oder Hochzeitstage vergessen zu haben. (Dabei sind nur die Wohnzimmervorhänge frisch gewaschen und die Fenster geputzt: Es ist heller im Raum geworden und riecht gut.)
- Männer schauen sich mit Begeisterung zum zehnten Mal die Wiederholung desselben Tors im Fernsehen an.
- Männer lieben es, eiskalt zu duschen.
- Männer haben ein besonderes Faible für Filme, in denen es 90 Minuten lang regnet.
- Männer hassen es, zum Lebensmittel-Einkauf geschickt zu werden, bringen aber zum Ausgleich die doppelte Menge dessen mit, was ihnen aufgetragen wurde.
- Männer möchten am liebsten immer ihre drei Lieblingsessen serviert bekommen. Der Frauensatz »Du, ich hab da heute mal was Neues ausprobiert …« verursacht ihnen Gänsehaut und sie befürchten Indisches.
- Männer glauben nichts, was sie nicht selbst gesehen oder gelesen haben. Was Frau der Zeitung entnommen oder im Radio gehört hat, wird so lange angezweifelt, bis es schwarz auf weiß vorgelegt wird. Dann jedoch heißt es: »Das hast du aber ganz missverständlich wiedergegeben. So hätte das selbst ein Hellseher nicht verstanden!«
- Alles was mit »Psycho…« anfängt, treibt Männer sofort in Abwehrhaltung oder sogar in die Flucht. (Es sei denn, Anthony Perkins spielt die Hauptrolle …)

- Männer schlafen vor dem Fernseher ein, wachen aber ganz ohne Wecker pünktlich und schlagartig putzmunter wieder auf, wenn die Boxübertragung im TV beginnt.
- Männer hören zwar Klopfgeräusche im Auto, die gar nicht vorhanden sind, riechen aber nicht, wenn in der Küche etwas anbrennt (weil Frau ans Telefon gegangen ist, da Mann das Klingeln nicht gehört hat).

Viele Männer haben auch eine sonderbare Art von Humor. Über folgenden Witz können sie sich krumm und schief lachen – allerdings nicht, wenn eine Frau ihn erzählt: *Ein Igel spaziert im Wald und fällt in eine Grube. Er ruft um Hilfe, und ein zufällig vorbeikommender Fuchs erklärt sich gerne bereit dazu. Er hält den Schwanz in die Grube, der Igel klettert daran hoch. Dumm nur – am nächsten Tag widerfährt dem Igel das Gleiche noch mal. Diesmal kommt ein Kaninchen vorbei. Es will auch helfen, holt ein Seil und braust mit seinem Porsche zur Unglücksstelle zurück. Was lehrt uns das? – Wer einen langen Schwanz hat, braucht keinen Porsche!* O Mann! Den hat sich ganz bestimmt keine Frau ausgedacht, weil Frauen dieser Art Sexismus gegenüber Männern – aus Erfahrung – ein schlechtes Gewissen hätten!

Dabei muss festgehalten werden, dass es schon ein Glücksfall ist, wenn Mann wenigstens über diese – sonderbare – Art von Humor verfügt. Denn als der Humor von Gott verteilt wurde, haben die meisten Herren der

Schöpfung leider gefehlt. Da Humor aber auch viel mit Lachen zu tun hat, hat dies fatale Konsequenzen. Längst ist das Lachen wissenschaftlich untersucht worden – das Ergebnis sollte Männer interessieren, denn es erklärt vielleicht unter anderem, warum Frauen durchschnittlich ein paar Jahre länger leben. Lachen hilft nachweislich gegen Schmerzen, stärkt das körperliche Immunsystem, weil dieses durch Lachen aktiviert wird. Lachen hilft gegen Stress (weil dabei Glückshormone, also Endorphine ausgeschüttet werden), gegen Verstopfung (die steht übrigens für emotionalen Geiz, sagen Psychologen), Kopfschmerzen und Schlaflosigkeit. Und auch gegen die Verkniffenheit, die manche Männer beim Problemlösen an den Tag legen: Denn wer lachen kann, überwindet Widrigkeiten, weil sich dabei Anspannungen und Verkrampfungen entladen, wodurch Zusammenhänge einer belastenden Situation erkannt, frische Denkansätze möglich und neue Lösungsperspektiven sichtbar werden. Der vielgepriesene jüdische Humor ist dafür beispielhaft. Eine Kostprobe: *Kohn beklagt sich bei Grün: Er habe einen Delikatessladen in einer Straße voller Delikatessläden eröffnet. Links von ihm ist der von Blau, rechts der von Mandelbaum. Beide florieren, nur bei ihm, Kohn, kaufe keiner ein. »Lass dir einfach vom Standesamt einen neuen Namen geben«, rät ihm Grün. »Nenn dich halt Haupteingang.«*

Die Gelotologen – so genannt nach der jungen Wissenschaft von den Auswirkungen des Lachens – wissen auch zu berichten, dass jeder, der nur schon die Mundwinkel hochzieht, sich automatisch aufrichtet. Ein guter Tipp, den Frau mal weitergeben könnte, wenn der Kerl an ihrer Seite wieder einmal mundfaul neben ihr zusammengesunken, mit hängenden Schultern, willenlos und wie hypnotisiert in den Flimmerkasten starrt. Statt Gymnastik (die er ja wahrscheinlich auch nicht mitmacht, weil Männer ja nur die Extreme – Muckibude oder gar nichts tun – kennen) einfach die Mundwinkel hochziehen und so zu einem aufrechten »Gang« zu kommen.

Eine Minute lachen ersetzt angeblich 45 Minuten Entspannungstraining. Es fördert die Kreativität und (damit kriegen Sie ihn garantiert!): die Potenz.

Da Männer zur »Verschattung« neigen (darum sagt man ja auch oft, sie gingen zum Lachen in den Keller), sind unter ihnen besonders viele Pessimisten zu finden. Sie wissen schon – bei ihnen ist das Glas immer halb leer. Auch dagegen hilft Lachen, denn es lockert nicht nur die Gesichtsmuskeln, sondern auch die Gedankenmuster. Das kontrollierte Denken und Handeln wird durch Lachen aufgelöst. Vielleicht ist das der Grund, weshalb fortschrittliche und experimentierfreudige Unternehmen ihre Kreativen in Lachseminare schicken? So ein Seminar könnte auch manchem Ehrgeizling helfen, endlich auf dem Treppchen nach oben zu kommen, denn Pessimisten wirken – im Gegensatz zu lockeren Optimisten – nicht sehr animierend auf ihre Umwelt.

Verhaltensforscher haben herausgefunden, dass es achtzehn verschiedene Formen von Lächeln gibt. Die meisten haben einen Zweck (das wissen wir Frauen nur zu gut, dazu hätte es keiner aufwendigen Erforschung bedurft – mithilfe dieser Lächelvarianten wurschteln wir uns schon seit Frauengedenken in der Männerwelt durch!) – nur eine einzige Form ist Ausdruck ehrlichen, spontanen Vergnügens. Und das ist die, an der die so genannten »Krähenfüße« um die Augen herum beteiligt sind. Also, keine Angst vor Krähenfüßen! Sie kommen einem Orden gleich!

Die Spitze der männlichen Seltsamkeiten stellen Exzentriker dar. Wie das Wort schon sagt, weichen solche Personen deutlich von der sozialen Norm ab. Die meisten von ihnen beschließen schon früh in ihrem Leben, anders als die anderen Menschen und vor allem anders als andere Männer sein zu wollen. Salvador Dalí zum Beispiel rannte schon als Kind mit einer Glocke durch sein Heimatdorf, um auf sich aufmerksam zu machen. Und vertrat als Erwachsener die Meinung: »Ohne Schnurrbart ist ein Mann nicht richtig angezogen!« Seinen Gemälden gab er höchst seltsame Namen: »Weiche Konstruktion mit gekochten Bohnen«, oder »Traum, verursacht durch den Flug einer Biene um einen Granatapfel, eine Sekunde vor dem Aufwachen«. Sonderbar, oder? Da wundert es auch nicht, dass er eine nackte Frau auf dem Esstisch platzierte, sie über und über mit Obst dekorierte und zum Kunstwerk erklärte. Aber zugegeben, langweilig war der Mann sicher nicht. So wenig wie Michael Jackson oder Klaus Kinski, deren Merkwürdigkeiten ganze Bataillone von Journalisten beschäftigten beziehungsweise immer noch beschäftigen. Im Fall Kinski sogar über den Tod hinaus.

Oder der völlig durchgedrehte Millionär Howard Hughes, der in jungen Jahren beschloss: »Das Wichtigste für mich ist erstens, der beste Golfspieler der Welt zu werden; zweitens der beste Pilot und drittens der berühmteste Filmproduzent aller Zeiten. Und dann der reichste Mann der Welt.« Geben Sie es zu, wenn Ihr Mann so etwas äußerte, Sie würden sehr erschrocken reagieren, oder? Nicht wegen der gesetzten Ziele, sondern aus Angst vor dem Weg dahin … Nun, Hughes hat zumindest letzteres annähernd erreicht – er wurde unsäglich reich. Mit der Erfüllung seiner Träume stellten sich jedoch zunehmend gehörige Macken ein. Er bekam Angst vor Bakterien (Kunststück, wenn es sonst nichts mehr gibt, wovor man sich fürchten müsste) und zog sich mehr und mehr aus der Öffentlichkeit zurück. Was die Manager der Fluglinie TWA – die Hughes zu 75% gehörte – dermaßen in ihrer Arbeit behinderte, dass sie ihren eigenen Boss verklagten, weil er nie mehr bei Konferenzen erschien und keine Entscheidungen mehr traf. Am Schluss seines Lebens hauste Hughes nur noch total abgeschottet in verdunkelten Hotelzimmern, ernährte sich ausschließlich von Eiscreme und ließ sich die Fingernägel in struwwelpeterhafte Länge wachsen. Orson Welles hat in seinem berühmten Film »Citizen Kane« Teile des Lebens und Charakters von Howard Hughes mit dem des amerikanischen Medienmoguls und Präsidentschafts-Kandidaten William Randolph Hearst verschmolzen. Ein wunderbarer Film, der seit Anfang der 60er Jahre bei Umfragen eines Fachmagazins ununterbrochen als »der beste Film« aller Zeiten auf Platz eins steht und von vielen Kulturkritikern als das filmische Pendant zu James Joyce' »Ulysses« gesehen wird.

Als sehr sonderbar kann man auch eine von Männern initiierte Mode bezeichnen, die 1839 in Paris aufkam und von Walter Benjamin notiert wurde: Damals »… war es elegant, beim Promenieren eine Schildkröte mit sich zu führen. Das gibt einen Begriff vom Tempo des Flanierens in den Passagen.« (Wäre das nicht eine hübsche Geschäftsidee für heute? Obwohl, da wären natürlich sofort die Tierschützer auf dem Plan …)

Für Normalbürger wird es bei den üblichen Sonderbarkeiten der Männer bleiben: Manchmal werden eben tiefergelegte Hosenböden erfunden, die die Kerle von hinten wie traurige, abgemagerte Elefanten erscheinen lassen; andere rasen, ausgestattet wie Hochgebirgswanderer mit Helm, Rucksack und Felshämmerchen am Hosenbund auf Rollschuhen oder Skateboards durch unsere Innenstädte und wieder andere drehen die Autoradios in ihren Cabrios so laut, dass man an der Ampel in solcher Nachbarschaft sein eigenes Wort im geschlossenen Wagen nicht mehr versteht. An schwere Militär-Nagelstiefel auf teurem Parkett und bunt eingefärbte Ostereiermuster auf millimeterkurz geschorenen Haaren haben wir uns längst gewöhnt – das ist ja inzwischen schon echt öde. Und dass man Schminkränder auf den Hemdkrägen der Herren sehen kann, ist ja auch nichts Neues mehr. Dagegen sind die Neo-Machos, die sich den Nagel eines kleinen Fingers ein oder zwei Zentimeter lang wachsen lassen, damit sie nach dem Essen das Fleisch aus den Zähnen pulen können, immerhin noch eine Betrachtung wert. Ohne Zweifel: Männer sind sehr sonderbar.

Von Männern, Masken und Geheimnissen 25

Männer sind wie Austern. Mit Glück findet sich im weichen Inneren sogar eine Perle. Nur wie kommt Frau da hinein? Oder – und die Frage ist noch viel bedeutsamer – wie erkennt sie von außen, ob unter der harten Schale »nur« etwas Weiches oder aber auch etwas Kostbares zu finden sein wird? Pragmatische Frauen halten sich von Austern und solchen Träumereien längst fern und sehen die Männer vielmehr als Hummer. Diese harten Kerle verlocken gar nicht erst zu Phantastereien: Die müssen nur gekocht und dann in die Zange genommen und geknackt werden. Dumm nur, dass sie dann zwar eine Speise (die erst kräftig gewürzt und mit Saucen auf Vordermann gebracht werden muss, sonst hat man es eher mit einer faden Sache zu tun), aber keine Hummer mehr sind.

Nicht nur verheiratete Männer fühlen sich von Frauen manchmal wie Hummer behandelt, halten sich aber ihrer wahren Natur nach für Austern (natürlich mit Perle!). Das männliche Hummer-Gefühl kommt daher, weil Frauen die meisten männlichen Eigenschaften als negativ empfinden, obwohl sie sie längst selbst übernommen haben beziehungsweise kräftig dabei sind. Sie machen gleichzeitig aber kein Hehl daraus, dass sie am Männlichen jede Menge auszusetzen haben (wir handeln wirklich nicht immer streng logisch!) und bemühen sich intensiv darum, die sonderbaren Wesen an ihrer Seite »umzuprogrammieren«. Viele Frauen zielen bei diesem Umerziehungsprogramm darauf ab, Männern mehr weibliche Eigenschaften zu verpassen. Es soll dabei herauskommen, was man in der Wirtschaft die »eierlegende Wollmilchsau« nennt. Soweit die immer leiser werdenden Klagen der Männer. (Steter Tropfen höhlt eben jeden Stein!)

Seit Anfang des letzten Jahrhunderts existieren Auflistungen von typischen weiblichen und männlichen Eigenschaften. Ein kritischer Blick darauf lohnt sich, denn erstaunlicherweise hat sich trotz der gesellschaftlichen Stürme und Gräueltaten, die seitdem über die Welt hinweggegangen sind, nicht viel daran geändert. Es gibt sie noch, diese Verschiedenheiten, aber sie blühen längst im Verborgenen – die Grob-Raster sind nach und nach im Staub des Geschlechterkampf-Getümmels verschwunden, auch wenn es der einen oder dem anderen nicht passen mag.

Tatkraft – ist angeblich eine der hervorstechendsten männlichen Eigenschaften. Männer packen gerne zu und an. Natürlich lieber da (im Beruf) als manchmal dort (im Privaten) – kurzum: wo es ihnen besser in den Kram passt und lohnender erscheint. Das Wasser- und Bierkistenschleppen geht ja noch, aber volle Windeln und Mülleimer sind nicht die begehrtesten Betätigungsfelder von Männern. Wer würde das nicht verstehen? Dass damit keine Nobelpreise zu gewinnen sind, haben auch Frauen längst geschnallt, deshalb drängen ja so viele hin zur beruflichen Betätigung. Und dort treffen sie auf Männer, die die (Arbeits-)Welt so kompliziert gemacht haben, dass sie ihr selbstgeschaffenes Monopoly teilweise gar nicht mehr wirklich verstehen, oder es zumindest dem Normalbürger nicht mehr verständlich machen können. In dieses Chaos stoßen nun die Frauen vor und wollen mitmischen. Das Ergebnis sind verwirrte und irritierte Männer mit reichlich gebremstem (Tatkraft-)Schaum. Für viele reicht die Kraft gerade mal noch aus, um die obersten Etagen zu verteidigen und halbwegs frauenfrei zu halten. Für wirklich neue Ideen bleibt da kein Raum, darum wird uns ja auch andauernd dasselbe vorgekaut.

Initiative – die ergreift der Mann. Wenn man ihn denn ließe, sagt manch einer. Privat ist das mit dem Risiko der Zurückweisung verbunden, das mögen Männer in ihrer Angstbesetztheit nicht so gerne. Außerdem haben Frauen nicht mehr die Geduld, um den langatmigen Anlauf vieler Männer abzuwarten.

Beruflich gibt es heutzutage enorm viel zu bedenken: Tausende und Abertausende von Bundes-, Landes- und EU-Paragraphen (von den Unkenrufen der Demographen, den Verführungen der Lobbyisten und den Stolpersteinen der politischen Korrektheit mal ganz abgesehen) müssen gekannt und bedacht werden, bevor Arbeiten überhaupt begonnen werden können, ach ja – und die Gegebenheiten der Globalisierung nicht zu vergessen. Kein Arbeitnehmer weiß heute, ob er morgen seinen Arbeitsplatz überhaupt noch innehat oder ob er zu Erhaltung desselben mit Sack und Pack nach Litauen oder Usbekistan umsiedeln muss. Um diese Kompliziertheiten etwas abzufedern, gibt es längst die Forderung, schon im Kindergarten mit Fremdsprachen zu beginnen und die Einschulung um mindestens ein Jahr vorzuverlegen. Frei nach dem Motto: Wer keine Kindheit hat, kann auch keine Kindheitsschäden davontragen. Auch das sind Initiativen – aber keine guten. Da wird längst niemand mehr auf Mann (oder Frau) geeicht, sondern wir alle aufs reine Funktionieren hin getrimmt und zu braven Konsumenten erzogen.

Begeisterungsfähigkeit – diese männliche Eigenschaft ist nicht zu leugnen. Hat man ja bei der Fußball-Weltmeisterschaft gesehen. Ganz Deutschland im friedlichen Partyrausch. Ein Volk von einig Fußballbrüdern (und -schwestern). Vielleicht sollten wir Franz Beckenbauer und »Klinsi« die Regierungs- und Reformgeschäfte übertragen? Aber nein, vielleicht doch lieber nicht: Doppelspitzen funktionieren nicht, kann man ja immer wieder sehen – in der Regierung, in der Wirtschaft und in Sachen Emanzipation. Nur die Kleinen haben es in puncto Gelassenheit noch drauf. Solange sie in der Sandkiste schaufeln und baggern und solange sie noch wahrnehmen, dass es Jahreszeiten gibt und es manchmal nass vom Himmel kommt, solange sie also noch das Haus verlassen und mit Rädern unter den Füßen durch die Gegend brettern, alleine den Schulweg bewältigen dürfen und man ihnen zutraut, sich die Schuhbänder selbst zu binden, so lange haben sie noch leuchtende Augen und sprühen vor Initiative. Aber auch bei den »Zwergen« wird die Situation zunehmend »uncooler«. Erinnern Sie sich noch, dass Kinder früher über »Streiche« nachgedacht und Sachen

»angestellt« haben? Ja – so etwas Harmloses und Kreatives hat es mal gegeben! Sobald der Nachwuchs von heute allerdings in die www-Welten abtaucht und sich durch Programme zappt, ist der Begeisterungsofen schnell aus. Dann hat der Stumpfsinn des Lebens begonnen: Der Maniac ist geboren. Das große Schweigen bricht aus. Und die rotgeränderten, müden Augen werden zum Normalfall.

Phantasie – ist der Vater des Gedankens und die Mutter der Kreativität. Ein Maniac vor der Spielkonsole ist in diesem Sinne elternlos. Wer unbedingt davor bewahrt werden muss, sich seine Knie aufzuschlagen, wem das Haustier verweigert wird, weil Tiere haaren und den Teppich versauen, wer kein Baumhaus bauen darf, weil er herunterfallen könnte, wer schon als Kind einen elterlichen Chauffeur hat, der ihn zur Schule, zum Musikunterricht und zum Reiten fährt und wem schon mit zehn das um jeden Preis zu bestehende Abitur vor die Nase gehalten wird – der kann nur Fluchtgedanken entwickeln – und sucht per Tastendruck das Weite.

Wenn unsere Gesellschaft aber immer mehr dieser realitäts- und phantasieflüchtenden Maniacs produziert, wer wird dann wohl das Faxgerät der Zukunft erfinden? Wer die neue Studentenbewegung initiieren? Wer die alten neuen Zöpfe abschneiden? Wer die Stecker aus der Dose (des Kinderzimmers) ziehen?

Überzeugungskraft – auch das war einmal ein stark männlich besetztes Terrain. Adam schweigt zwar heute durchaus nicht still, wenn Eva spricht, aber dass sie spricht und zwar durchaus mit wohlgesetzten Worten und Argumenten, das ist eine Tatsache. Dass Frauen sprachbegabter und -gewandter sind als Männer, ist belegt. Sie sind auf diesem Gebiet Naturtalente – was nachgewiesen ist und in der Wissenschaft, manchmal auch in der Wirtschaft, zu sehen und zu hören ist. Schade nur, dass so viele von uns meinen, zumal wenn sie in die Politik gehen, dieselben hohlen Phrasen dreschen, und dieselben Sprechblasen benutzen zu müssen wie die männlichen Erfinder der Überzeugungskraft.

Die Aufzählung der angeblich typisch männlichen Eigenschaften ließe sich noch eine Weile fortsetzen – allerdings kämen wir überall zu ähnlichen Ergebnissen: Diese Eigenschaften haben Frauen längst auch. Haben sie immer schon gehabt, und wenn sie sich nicht auf Kinder, Haus und Garten hätten reduzieren lassen, wäre das längst klar. Stellt sich die Frage, weshalb es den Frauen ihrerseits nicht gelingt, Männern die vielgepriesenen weiblichen Eigenschaften beizubiegen? Und das, obwohl immer noch die Frauen es sind, die Kinder erziehen. Wenn nicht als Hausfrau und Mutter, dann doch als Kindergärtnerinnen, KiTa-Erzieherinnen und Grundschullehrerinnen. Und wenn es stimmt, dass (die alten) Väter viel zu wenig zu Hause sind, um wirklich eine Beziehung zu ihren Kindern aufzubauen, dann können sie ja auch schwerlich einen großen erzieherischen Einfluss haben. Ein Mysterium. Sehen wir uns also die guten weiblichen Eigenschaften mal näher an, die den Männern fehlen, vielleicht lässt sich das Rätsel lösen:

Ausgeglichenheit – Ob eine Frau, doppelbelastet durch Beruf, Haushalt und Kinder unbedingt besonders ausgeglichen ist? Oder eine, die den Berufsstress gerne hätte, ja sich danach sehnt, aber aus welchen Gründen auch immer zu Hause festgebunden und mehr oder weniger frustriert ist? Frauen haben vielleicht mehr Zähigkeit und mehr Nervenkraft als Männer – aber mehrarmige indische Göttinnen sind sie nicht.

Demnach wäre Ausgeglichenheit den Männern im selben Maße zu wünschen, wie sie uns Frauen abhandenkommt.

Wärme und Mitgefühl – Beides fehlt vielen Männern auf den ersten Blick. Nur – irgendwann müssen auch bei ihnen diese Eigenschaften einmal da gewesen sein. Denn: Welche Frau bei Verstand würde sich mit einem gefühlskalten Partner zusammentun? Wo, wann und vor allem warum werden unsere Männer kalt und rigoros? Es heißt so schön bitter: »Als Frau wird man nicht geboren, zur Frau wird man gemacht!« Wie, wenn das auch für Männer gilt? Wer macht wen wann zu was?

Intuition – Ganz ohne Zweifel eine weibliche Eigenschaft. Frauen haben auch im Hinterkopf Augen und die von Männern vielbelästerten »Ahnungen«. Es geschieht ihnen nicht ganz zufällig, dass sie an jemand denken, und schon läutet das Telefon und dieser jemand ist dran. Da befinden wir uns zwar auf dem vielzitierten weiten Feld und einem so genannten »weichen« Terrain, aber selbst die Unbeweisbarkeit der These, Frauen seien noch mit einem Anflug des vielbeschworenen sechsten Sinns ausgestattet, ändert nichts daran, dass da etwas ist, was Frauen von Männern ganz grundsätzlich unterscheidet. Vielleicht ist dieser »Sinn« ein Geschenk der Natur, aus Urzeiten stammend, um den Nachwuchs besser beschützen zu können. Dieses Anderssein ist es wahrscheinlich auch, das Frauen in den Augen von Männern so unkalkulierbar und angsteinflößend macht. Denn während wir Frauen ständig so tun, als ob wir alles über Männer wüssten, geben die ganz offen zu Protokoll, dass ein Leben zu kurz sei, um die Frauen zu verstehen.

Womit wir bei der **Wahrhaftigkeit** und der **Beharrlichkeit** wären, Eigenschaften, die wir Frauen uns ebenfalls gerne zurechnen. Dass Männer mehr und sehr viel schlechter lügen als Frauen, haben wir schon ausführlich festgehalten. Dass wir ihnen Beharrlichkeit via Erziehung recht erfolgreich mitgegeben haben, lässt sich jedoch nicht bestreiten. Denn sie beharren schon seit unvordenklichen Zeiten auf den (schlechten) Eigenschaften, die wir ihnen unterstellen, und das auf so vehemente Weise, die fast schon wieder Bewunderung verdient.

Männer haben es heutzutage nicht leicht. Nicht nur, dass wir Frauen ihnen den »öffentlichen Raum« streitig und im Privaten oft die Hölle heiß gemacht haben (in der Politik wäre das ein Übergriff auf fremdes Territorium und ergäbe Krieg): Sie empfangen von uns – genauso wie wir Frauen umgekehrt von ihnen – sehr verwirrende, widersprüchliche Signale und das schon seit geraumer Zeit. Wir wollen männliche Männer mit weiblichen Eigenschaften. Frauen lehnen den Macho ab, sind aber mit ihrer eigenen Züchtung, dem Softie, im höchsten Maße unzufrieden. Wer das Wort »Weichei« im Internet in eine Suchmaschine eingibt, stößt auf annähernd 670 000 Einträge. Der »Warmduscher« ist sogar mit knapp 800 000 vertreten, der »Frauenversteher« mit immerhin noch 235 000 und der völlig abseitige »Schattenparker« mit knapp 180 000. Und eine Liste von Weichei-Synonymen enthält dreitausend Begriffe! Männer haben diese Begriffe sicher nicht propagiert, also müssen sie von weiblicher Seite kommen. Ist das noch zu verstehen? Für Männer bestimmt nicht. Was ist denn da für ein Murks im Gange? Die Frage ist nicht ganz unberechtigt, oder?

Ich habe eine Theorie: Frauen lieben alle ihre Kinder gleich. Aber Söhne lieben manche nicht nur, in ihre Söhne sind sie zusätzlich verliebt. Vielleicht weil sie die Hoffnung hegen, damit endgültig den besten, den klügsten, den zärtlichsten und den erfolgreichsten aller Männer geboren zu haben. Ein Exemplar von Mann, das sie nach ihrem Wunschbild formen werden. Und was macht Frau und Mutter mit diesem Wunderwerk? Sie verzieht und verzärtelt es nach Strich und Faden, sieht ihm alles nach, bewundert es mit glänzenden Augen und lässt es dann irgendwann – ungern zwar und nur höchst widerwillig – auf die Töchter anderer Mütter los! Und was tun die? Im Zweifelsfall dasselbe.

Von Männern, Träumen und Gebeten 26

Wann ist ein Mann ein Traummann? Wenn er die Muskeln von Schwarzenegger hat, das Hirn von Einstein und das Aussehen von George Clooney? Oder wenn er Fahrrad fährt wie Jan Ullrich, sich in die Kurven legt wie »Schumi«, eine Stimme hat wie Placido Domingo, Geige spielt wie Nigel Kennedy, so reich ist wie Bill Gates und so extravagant wie Karl Lagerfeld? Da fehlt nur noch die katzenhafte Schnelligkeit von Muhammad Ali, die Güte von Papst Johannes XXIII., die männliche Zärtlichkeit von Humphrey Bogart, das revolutionäre Temperament der Beatles, der alle Zeiten überdauernde Ruhm von Elvis Presley, die Melancholie von Johnny Cash, die Geschmackskreativität von Eckart Witzigmann, die Friedfertigkeit von Mahatma Gandhi und die Integrität von Willy Brandt. Vielleicht noch ein kleiner Schuss Berlusconi, eine Messerspitze Tony Blair und eine winzige Prise Dieter Bohlen gefällig, damit das Wunderwerk von Mann auch einen Hauch von Bitternis bekommt? Wir wissen doch, totale Perfektion ist langweilig, wahre Schönheit muss auch einen kleinen Makel haben …

Bevor die Aktion »Wir backen uns den idealen Mann« starten kann, wäre es vielleicht angebracht, sich die Zutaten einmal genauer auf ihre gesundheitlich-emotionale Verträglichkeit anzuschauen:

Arnold, der »Kaiser von Kalifornien« (Luis Trenker lässt grüßen), hat mehr als sein halbes Leben damit verbracht, sich einzuölen, schwere Dinger zu stemmen, im Bikini-Einteiler zu posieren und gegen seinen österreichischen Slang anzukämpfen. Letzteres ohne durchschlagenden Erfolg. Er hat mit sicherem Instinkt in den miesesten Erfolgsfilmen aller Zeiten mitgespielt und konnte zumindest einen Skandal wegen sexueller Belästigung – trotz der »Würde« seines Amtes – nicht unter den Tisch kehren (lassen).

Die Bedenklichkeit dieses Teig-Anteils wird allerdings von Albert Einstein voll ausgeglichen. Er war zwar als Ehemann, Vater und Eigenbrötler auch nicht ganz ohne Haken und Ösen, aber immerhin hat er schon als kleiner Junge kein Hehl daraus gemacht, was ihn wirklich interessiert. Als ihm seine kleine Schwester zum ersten Mal vorgeführt wurde, schaute er neugierig in ihr Bettchen und fragte dann: »Wo hat's denn da die Rädle?« Dass er später im Leben die herausgestreckte Zunge – schon vor dem berühmten Platten-Cover der Rolling Stones – gesellschaftsfähig gemacht hat, ist auch ein Pluspunkt.

Clooney reißt die Sache endgültig raus. Allerdings ist er offenbar in Bindungsfragen höchst misstrauisch, und so bis heute Single. Sein Herzallerliebstes war sein Hängebauchschwein Max, das allzu früh in die ewigen Jagdgründe eingegangen ist und dem er angeblich heute noch nachtrauert. (Wer jetzt sagt, ein Hängebauchschwein müsste man sein, hat nicht genügend nachgedacht.)

Nun können wir den Mixer einschalten, um nach und nach die Rest-Zutaten beizufügen.

Jan Ullrich ist der tapferste Mann, den ich kenne, denn über Jahre hinweg immer wieder unverdrossen gegen einen Androiden anzutreten, dazu braucht es das reine Herz eines Parzival. Leider ist der Junge (ein richtiger

Mann eben) leicht verführbar und hört dummerweise vertrauensselig auf die falschen Ratgeber. Sehr sympathisch, denn: Nur auf der Alm, da gibt's koa Sünd'. Ob so einer Wachs in den Händen einer Frau ist?

Michael Schumacher hat dem lieben Gott Modell gestanden, als der das männliche Kinn geschaffen hat, was Gott ihm mit dem idealen »Gasfuß« – auch in Kurven – dankte. Selbst Mika-Häkkinen-Fans wie ich müssen zugeben, dass Schumi wohl der einzige Rennfahrer der Welt ist, der ständig eine Hupe gebraucht hätte, weil er fast immer uncoole Schnecken vor sich hatte. Der reichste Schweizer Bürger ist ein vorbildlicher Familienvater und sich nicht zu schade, in einem 3.-Liga-Verein Hobby-Fußball zu spielen. Er hat ein weiches Herz für Kinder in Not (UNESCO) und spendet Millionenbeträge für wohltätige Zwecke. Auch Schumi ist 1a-Ware für unseren selbstgebackenen Mann.

Placido Domingo ist alles andere als »nur« einer von den berühmten drei Tenören. Mit 122 Opernrollen ist er der vielseitigste Tenor aller Zeiten und wer ihn in Zeffirellis »Othello« gesehen und gehört hat, der hat durch ihn körperlich erfahren, wie Liebe und Eifersucht das Herz eines Mannes zerfrisst. Domingo ist der Latin Lover, dessen Stimme ohne den geringsten Widerstand direkt in unsere Herzen dringt. Eine Muss-Zutat.

Nigel Kennedy ist der Pumuckl-Punker und das Enfant terrible der klassischen Musik. Beethoven, Vivaldi und Bach schauen ihm schenkelklopfend vor Vergnügen von oben zu, wie er die sonntagsbefrackten Klassik-Spießer immer wieder vor den Kopf stößt und sie dennoch nicht von der Faszinations-Leine lässt. Der junge Teufelsgeiger zersägt die US-Hymne auf seine Weise genauso gut wie Jimmy Hendrix seinerzeit in Woodstock, tummelt sich gern auf Jazz-Sessions und liebt »The Doors«. Zitronat und Orangeat vom Feinsten. (Wäre für Omas »Russischen Zupfkuchen« viel zu schade.)

Bill Gates ist die Wiedergeburt von Onkel Dagobert und damit der reichste Menschen-Enterich der Welt. Er lebt mit Frau und Kindern in einem 97-Millionen-Dollar-Haus am Lake Washington und ist Mister Microsoft. Selbst ein Indianer kann Windows definieren (»Weißer Mann starrt stundenlang durch Fenster auf Sanduhr.«). Königin Elizabeth hat ihn wegen seiner immensen internationalen Wohltätigkeit 2005 zum Ritter geschlagen (allerdings ohne »Sir«, so weit geht die englische Liebe zu Amerikanern dann doch nicht!). In wenigen Jahren, so sagte er, wird er sich nur noch den Armen und Aids-Kranken der Welt widmen. Aber vorher werden noch die verbliebenen Rechte an den schönsten Gemälden des Erdkreises für seine größte Bildagentur der Welt angeschafft und außerdem gibt es noch ein neues Windows-Programm. *Der* Unternehmer-Typ und genau das richtige Treibmittel für unser Backvorhaben.

Hochglanz, Schönheit pur und Wohlgeruch – das sind die Zutaten, die Karl Lagerfeld liefert. Angefangen hat alles mit einem Wollmantel, der so toll entworfen war, dass Pierre Balmain in Paris weit die Tore seines Modeparadieses für Karl den Großen öffnete. Und danach lockten Valentino, Chloé und das Haus Chanel. Der Ausnahmemann Lagerfeld hat Claudia Schiffer entdecken dürfen, hat tonnenweise alte Modezöpfe abgeschnitten und trägt zum Ausgleich selber einen. Er ist ein begnadeter Kunstmensch, Fotograf und Literaturliebhaber. Und er hat zwar nicht seinen Mantel, aber sich selbst gewichtsmäßig fast halbiert. Sein Diät-Geheimnis ist ganz einfach (aber hart): gnadenlose Disziplin. Der amüsanteste Plauderer unter allen begehrten Talkshow-Gästen ist von enormer Bildung und zieht Frauen im wahrsten Sinn des Wortes an. Und macht sich rar wie ein edles Gewürz.

Muhammad Ali hat der Welt bewiesen, dass Boxen eine Form von Ballett ist, und ein Mensch – zumindest einer wie er – Gene von Raubkatzen in sich trägt. Niemals mehr hat sich ein Kraftsportler so elegant bewegt wie er und keiner hat seine Gegner und Widersacher mit seinen »Raps« so sehr verwirrt und wütend gemacht wie er. Er nutzte seine sagenhafte Popularität, um auch politische Unkorrektheiten zu wagen. Der Schalk saß ihm im Nacken und in seinen Augen (ich weiß es, denn wir sind uns begegnet). Ali ist eine absolut nicht austauschbare Zutat für den perfekt gebackenen Mann.

Papst Johannes XXIII. war der Papst, der bewiesen hat, was einen guten Vater ausmacht. Güte ist eben nicht nur ein Wort.

Bogey. »Here's looking at you, kid – Schau mir in die Augen, Kleines!« – der Satz in der Kinogeschichte, der alle anderen Billionen-Sätze für immer und alle Zeiten uneinholbar abgehängt hat. Und nur Humphrey Bogart konnte ihn so sprechen. Der zärtlichste Mann aller Zeiten. Vielleicht ein bisschen zu klein geraten. Was soll's! Vielleicht ein bisschen zu gut Freund mit dem Whiskey – er durfte sogar das! Ohne Bogey brauchen wir gar nicht erst anfangen zu backen!

Die Beatles waren Gottes Versprechen auf ewige Jugend. Sie fegten den Muff von Jahrhunderten von der Erdoberfläche und spielten mit Noten wie mit den Sternen des Alls. Ihre Töne waren nicht von dieser Welt, denn wie sonst hätten die Mädels reihenweise vor Glück ohnmächtig zusammenbrechen können? Jungs, die mit den Beatles zu Männern wurden, gehören zu den Besten ihres Geschlechts. Wer es mit ihnen zu tun hat, braucht nicht in die Backstube. Für alle anderen: Davon muss viel, ganz viel in den Männer-Teig.

Elvis Presley und seine Musik ist der Beweis dafür, wie sehr Männer Frauen lieben können. So sehr, dass ganze Generationen von uns davon noch satt werden können. Elvis gab von allem mehr, als gut für ihn war. Er liebte seine Mutter zu sehr und er liebte Süßigkeiten zu sehr. Ein Genie, das sich selbst dafür büßen ließ. Der Stoff, aus dem die Träume sind. Aber bitte – vorsichtig dosieren!

Johnny Cash im »Ring of Fire«. Er war der Junge, den sie Sue genannt haben und der doch ein Mann wurde. Ein zum Hinschmelzen trauriger, sensibler Mann. Der die harten Jungs in St. Quentin zum Weinen und zum Jubeln brachte, weil er einer von ihnen war. Zu viel Talent, zu viele Drogen und immer wieder tiefe Abstürze. Und doch ist er immer wieder aufgestanden. Ein Mann zum Lachen und zum Weinen. Außen hart und innen ganz weich. Auster mit Perle. Die Zutat Johnny Cash ist herb. Wie Muskat. Ohne fehlt etwas, aber zu viel davon ist schädlich.

Ein Jahrhundert-Koch wie Eckart Witzigmann hat uns etwas gelehrt, was die meisten Menschen bis dahin nicht wussten: In seiner Küche wurden Sphärenklänge komponiert, wunderschöne, noch nie erzählte Romane geschrieben und Geschmacksgemälde gemalt, die den Werken Mozarts, Marcel Prousts und Michelangelos auf ihre Weise in nichts nachstanden. Wer je bei Witzigmann aß (oder nach seinen Rezepten kochte), hat erfahren, wozu Geschmacksknospen auf unseren Zungen fähig sind. Ganze Heerscharen von Männern drängten angesichts dieses Genuss-Lehrmeisters in die Küchen. Nur wer genießen kann, kann auch lieben. Davon muss viel rein in den Teig. Bloß nicht an Witzigmann sparen.

»Frieden schaffen ohne Waffen« – er hat es die Welt gelehrt (und die Engländer haben hart daran geschluckt): Mahatma Gandhi. Leider ist dieser kleine, willensstarke Mann in der Erinnerung vieler Menschen zum »Softie« geschrumpft. Und doch hat er bewiesen, dass Brecht recht hatte: *... Dass das weiche Wasser in Bewegung / Mit der Zeit den mächtigen Stein besiegt / Du verstehst, das Harte unterliegt.* Ohne Gandhi-Anteile geht er nicht, der Wunsch-Mann.

Willy Brandt war wahrscheinlich der einzige deutsche Politiker, der nicht nur »Anhänger« hatte, sondern mehr: Er war eine Autorität, die verehrt und geliebt wurde. »Ein

Mensch wie du und ich« – aber in allem viel besser. Den Preis für die Integrität und das Charisma – beides strahlte er in einem Maße aus, wie keiner seiner Berufskaste mehr nach ihm – mussten vielleicht seine Angehörigen und Freunde zahlen, wie so oft im Fall von außergewöhnlichen Persönlichkeiten. Aber nichtsdestotrotz: Herz *und* Verstand – dass es zusammen geht, hat er bewiesen. Brandt muss rein. Nicht zu knapp.

Bevor diese Super-Mischung von Männlichkeit in Adams Form gegossen und in den Backofen geschoben wird, sollten noch ein paar Feindosierungen beigegeben werden, ohne die das Ganze doch allzu sehr zu himmlischer Weihnachtsbäckerei würde. So wie gemahlener Pfeffer das spezifische Aroma der Erdbeere erst richtig herausarbeitet:

Der Schuss Berlusconi steht immerhin für einen Mann, der ein hartes Jura-Studium mit einer Arbeit über Werbeverträge cum laude abgeschlossen hat und darauf aufbauend zum reichsten Mann seines Landes wurde. Er wollte und will allen Italienern beibringen, wie man »den Stiefel« als Unternehmen führt und kann dabei auf seine Freunde George W., Tony und Wladimir als Ratgeber zählen. (Er hat natürlich noch viel mehr Freunde, von denen er aber die Namen nicht verrät.) Seine Politik ist für einige Italiener sehr anstrengend gewesen, und darum belohnte Berlusconi sie Tag für Tag und Abend für Abend mit dem interessantesten TV-Programm der Welt. Trotz all dieser Verdienste – achten Sie darauf, dass es bei einem Schuss bleibt, also nicht zittern beim Eingießen, sonst könnte die ausgeklügeltste Komposition verdorben werden.

Von Tony Blair darf es auch nur eine Messerspitze sein, denn zu viel Strahlemann-Lächeln können wir nicht brauchen, oder? Denn bei Blair fing alles mit seinem Lächeln an und wird sicher auch damit – bald schon, sagt er – enden. Blair steht so fest gemauert in der Erden neben seinem Freund George W. wie seine Ehefrau hinter ihm. Und ein Freund der Füchse ist er auch, denn er hat seine berittenen Landsleute schwer verärgert, weil er denen half, die die Fuchsjagd abschaffen wollten. Und da sind wir beim Punkt beziehungsweise der Messerspitze – denn einen Tierschützer hatten wir noch nicht. Davon muss ein guter Mann was haben.

Und jetzt fragen Sie sich, warum auch eine winzige Prise Bohlen dazumuss? Ist doch klar, wir hatten noch keinen großen, blonden, freundlichen Jungen. Der in seinen Flegeljahren durch die Erfahrungen der DKP musste, um dann doch bei den Jusos und schlussendlich bei RTL zu landen (vielleicht ist es das, was man gemeinhin mit dem »Marsch durch die Institutionen« meinte?). Ein Mann, der immer und überall »Nichts als die Wahrheit« sagt, mit 160 Millionen verkauften Tonträgern der erfolgreichste deutsche Musikproduzent ist, und wie eine bekannte deutsche Politikerin meinte, »ein Aushängeschild« unseres Landes. (Was der Pop-Beauftragte unseres verflossenen Kanzlers nicht verstanden hat, weshalb er jetzt zur Strafe den Umweltminister geben muss.) Und das mit dem Aushängeschild stimmt: Die Deutschen wählten den jung gebliebenen großen Blonden auf Platz 30 »Unserer Besten« – weit vor Immanuel Kant und Patrick Lindner. Also.

Und jetzt rühren Sie noch einmal kräftig um, vergessen nicht, die Form ordentlich einzufetten, sonst lässt sich der Super-Star-Mann nachher nicht ohne Beschädigung herauslösen und stellen die Temperatur gleichmäßig auf Unter- und Oberhitze. Jetzt können Sie in Ruhe die Küche aufräumen und sich einen Prosecco einschenken. Ein kleines Gebet könnte auch nicht schaden.

27

Unter der Asche die Glut

Wenn ich den Song »A steel guitar and a glass of wine« von Paul Anka höre, dann sehe ich eine italienische Szenerie vor mir. Karierte Tischdecken, Windlichter, dunkler Rotwein, der in bauchigen Gläsern leuchtet, einen samtblauen Nachthimmel, Spaghetti in tiefen Tellern, sanft murmelnde Stimmen und immer wieder fröhliches Lachen. Männerlachen und Frauenlachen. Schön kitschig, oder? Das ist unser aller Problem. Alles, wonach wir uns sehnen, tun wir heutzutage recht schnell als Kitsch ab. Nur: Ist es auch dann kitschig, wenn wir es wirklich erleben? Ich habe es erlebt. Mit einem Mann, der mir gegenübersaß, mit dem Lied, das aus dem Restaurantinneren auf die Terrasse drang, und mit dem sicheren Gefühl, dies sei wunschloses Glück.

Solche oder so ähnliche Erfahrungen im Zusammenhang mit Männern und Liebe haben wir alle sicher in großer Zahl gemacht und jederzeit abrufbar in Herz und Hirn gespeichert. Egal ob die oben beschriebene Terrasse in Portofino oder sonst wo lag. Das vollkommene Glück. Beide – Mann und Frau – ganz bei sich, ohne Sorgen, einfach nur entspannt und glücklich. Für diesen einen Abend und noch eine Weile länger. Aber dann kam der Alltag zurück. Der Nachthimmel, der sich außerhalb der Urlaubszeit über den Orten wölbt, an denen wir leben, ist selten samtig, und auch die Sterne leuchten scheinbar nicht so hell, wenn gerade wenige Stunden zuvor unsere längst fällige Gehaltserhöhung abgelehnt wurde. Oder wenn die Bemerkung: »Schon wieder Tiefkühl-Pizza?« eine angespannte Stimmung in der heimischen Stube erzeugt. Das italienische Gefühl stellt sich einfach nicht mehr ein. Und das nehmen wir dem Partner übel. Plötzlich fällt uns auf, dass er uns schon lange nicht mehr in den Arm genommen hat. Während wir lustlos in der lauwarmen Fertigpizza herumstochern, sinnieren wir darüber nach, wann er uns eigentlich das letzte Mal wirklich leidenschaftlich geküsst hat. Und plötzlich geistert völlig unvermittelt die noch unerledigte Steuererklärung durch unseren Kopf, und dann fällt uns auch noch ein, dass er schon wieder vergessen hat, die Sachen von der Reinigung abzuholen. Bevor wir noch den Mund auftun und dem Durcheinander unserer inneren Düsternis Luft machen können, teilt er trocken mit, dass am kommenden Wochenende überraschend ein Meeting angesagt ist, an dem er teilnehmen muss. Tusch und Narhallamarsch!

Solche Abende gibt es. Sie sind der Liebe nicht förderlich und auch nicht dem Verständnis füreinander. Denn dann kann die Frage auftauchen: Wozu bin ich mit diesem Kerl eigentlich zusammen? Ein anderer hätte mich vielleicht gerade heute in ein schönes Restaurant zum Essen eingeladen. Instinktiv wissend, dass ich das heute brauche. Hätte sich den Ärger mit meinem Chef angehört und mir die Telefonnummer eines Freundes gegeben, der gerade dringend eine Werbegraphikerin sucht, die sogar richtig gut bezahlt wird. Die Sachen aus der Reinigung würde so einer natürlich pünktlich abholen, und am Wochenende wäre er nicht schon wieder weg, sondern würde vielleicht einen gemeinsamen Segeltörn planen. Mit einem wohlgefüllten Picknickkorb, Champagner und gebratenem Hühnchen. Selbst die Servietten würde er nicht vergessen. Und mitten auf dem Starnberger See, während einer kleinen Flaute, würde er mich küssen und mir sagen, dass ich die Frau seines Lebens sei. Endlich wäre das italienische Gefühl wieder da …

… aber nur so lange, bis alles sich wiederholt. Und ewig grüßt das Murmeltier. Denn: Männer sind nicht dazu da, uns Frauen das Leben so zu gestalten, wie wir uns das wünschen. Das gilt natürlich auch umgekehrt. Männer sind auch nicht aus weichem Holz, an dem wir Frauen so lange herumschnitzen können, bis die kleinen Wunsch-Pinocchios fertig sind und zum Leben erwachen. Menschen haben nun mal Eigenschaften. Seine Eigenschaften machen jeden Menschen nicht nur erst aus, sie machen ihn für andere überhaupt erst wahrnehmbar. Diese Eigenheiten lassen sich nur sehr selten verändern. Da hilft alles Meckern, alles Betteln und alles Kerzenanzünden und Beten nichts. Verändern kann sich jeder von uns nur selbst. Freiwillig. Gewaltsame oder schleichende Umerziehungsversuche von Frauen an Männern bleiben entweder erfolglos, führen zu Dauerfrust oder ergeben uninteressante Apportierhündchen. Letztere verachten sich selbst und werden in Wahrheit auch von ihren Zuchtmeisterinnen verachtet. Das sind die berühmten Paare, die sich einen ganzen Abend wortlos an einem Restauranttisch gegenübersitzen. Oder jene, wo sie munter und pausenlos – nur durch das Essen unterbrochen – auf ihn einredet und er ihre Wortkaskaden stumm und wehrlos über sich ergehen lässt. So einer ist zum Männchen geworden. Diesen rückgratlosen Männer-Darstellern würde man den Mut wünschen, sich eines Tages zu erheben, ohne Hut und Mantel zur Tür hinauszuspazieren und nie mehr wiederzukommen.

Manchmal frage ich mich, warum Frauen ständig hinter Männern her sind – denn das sind in Wahrheit sogar viele von denen, die das vehement bestreiten –, wenn sie sie doch so schrecklich finden? Und auch, warum so viele junge, hübsche, kluge Frauen heute keine Partner haben, allein leben oder sich gezwungen sehen, allein erziehende Mütter zu sein. Kann es sein, dass wir Frauen von Männern einfach zu viel erwarten? Dass Männer nicht in der Lage sind, dem Erwartungsdruck von Frauen zu entsprechen? Dass sie schon alle Hände voll zu tun haben, im Berufsleben klarzukommen? Und mit der Kompliziertheit der von ihnen geschaffenen Welt? Kann es sein, dass es die Männer, die viele von uns gerne hätten, gar nicht mehr gibt? Sehnen sich Frauen nach dem Mann à la Bravo-Starschnitt?

Männer sollen uns verstehen, aber sie dürfen auch auf keinen Fall Frauenversteher sein. Schon gar keine Machos, aber natürlich auch keine Weicheier. Sie sollen gute Berufs- und Karrierechancen haben, gutes Geld verdienen, sich aber im Beruf nicht aufreiben und möglichst viel Zeit für Frau und Kinder haben. Sie sollen ordentlich und pünktlich sein, aber ja nicht spießig. Lügen sind tabu. Alkohol ist tabu. Zeitaufwendige Hobbys, an denen die Partnerin nicht teilhaben kann, ebenfalls. Offen und ehrlich muss der ideale Mann sein, aber auch ein bisschen geheimnisvoll, denn unsere Phantasie soll sich am Mann entzünden können. Sie sollen in jeder Beziehung einen guten, sicheren Geschmack haben. Sich auf jedem Parkett formvollendet bewegen und eine gute Figur machen. Im Bett ist ein wilder Tiger erwünscht, der sich jedoch in Sekundenschnelle in ein zärtlich schmusendes Kätzchen verwandeln kann. Und manchmal gibt es Zeiten, da ist auch Sex tabu – ein guter Mann muss so etwas instinktiv erfassen und nicht erst darauf hingewiesen werden. Diese Wunschliste ließe sich noch lange fortsetzen.

Falls Sie während der Lektüre dieses Buches zu dem Schluss gekommen sind, dass ich die Spezies Mann mag, liegen Sie richtig. Das kommt nicht etwa daher, dass mir im Lauf meines Lebens nicht – wahrscheinlich genau wie Ihnen – genügend üble Typen über den Weg gelaufen wären. Es gibt auf der Welt so viele grobe, ungeschliffene Kotzbrocken, so viele langweilige, gemeingefährliche Dummköpfe, dass man schier verzweifeln könnte. Es gab sogar Zeiten, da dachte ich, die seien überhaupt alle nur da, damit ich mich mit ihnen herumschlagen muss. Diese Art Kerle machen einem das Leben schwer, verursachen Magenschmerzen und manchmal sogar Tränen der Wut. Aber ganz ehrlich: Mir sind genauso viele Frauen mit ebenso vielen verheerenden Eigenschaften begegnet. Ein Ekelpaket zu sein, ist kein männliches »Privileg«. Dummheit auch nicht.

Aber ich habe auch Männern getroffen, in die ich mich verliebt habe. Manchmal war es ein kurzer, manchmal ein längerer Irrtum. Einer dauerte sogar viele Jahre. So kann es durchaus gehen, wenn einem etwas anderes lange Zeit wichtiger ist, als sich seine Zweisamkeit genauer anzuschauen. Wenn sich Prioritäten im Leben allerdings verschieben, ist es nicht nur erlaubt, sondern sogar notwendig zu überprüfen, ob ein Gefühl für den Rest des Lebens wohl reichen wird. Diese Partnerschaften auf Zeit gibt es nun mal. Für Frauen wie für Männer. Wenn sie bzw. ihre Auflösung auch oft mit Schmerzen verbunden sind. Aber sinnlos für den, der daraus nichts lernt. Wer immer wieder an denselben Gitterstäben rüttelt, immer wieder dieselbe Gewohnheitsschubladen aufzieht und wer sich immer wieder dieselben Traummann-Luftschlösser wie blind über die Realitäten malt, dem bzw. der wird auch immer wieder derselbe Frust und Kummer blühen. Männer sind wie wir. Nur anders.

Warum ich Männer mag, hat gute Gründe. Sie sind – wie gesagt – ziemlich anders gestrickt als wir Frauen. Zuweilen sogar fremd. Ich finde »Fremdes« spannend und anregend. Wer behauptet, an erwachsenen Männern sei nichts Geheimnisvolles, der hat noch nie genau hingeschaut. Ich liebe Rätselhaftes und Geheimnisvolles. Männer sind mutig, denn obwohl sie eindeutig Angst vor Frauen haben, scheinen die meisten von ihnen doch ungern ohne uns zu sein. Courage ist eine der Eigenschaften, die ich am meisten an Menschen, egal welchen Geschlechts, bewundere. Einen, der auszieht, das Fürchten zu lernen. Mein liebstes Grimm-Märchen. Männer sind durchaus nicht alle Verbrecher, wie ein altes Lied sagt, und ihre Brust beherbergt nicht das Herz der Finsternis. Manchmal sind sie schwer zu verstehen, manchmal lohnt auch das Nachgrübeln darüber nicht, das ist schon wahr, aber sie sind auch für viele amüsante Überraschungen gut. Und gelegentlich zaubern sie sogar ein Kaninchen aus dem Hut. Wenn man sie lässt und ein bisschen Geduld hat, kann man viele nützliche und unterhaltsame Eigenschaften an ihnen entdecken.

Männer sind ganz einfach die andere Hälfte der Menschheit. Nicht die bessere und nicht die schlechtere. Männer spiegeln einen Wesensteil von uns Frauen wider, der in jeder von uns vorhanden ist, den wir jedoch nur in der Spiegelung an den Männern wahrnehmen können. Und übrigens umgekehrt.

Jemand hat einmal gesagt, in einer Partnerschaft operieren sich Männer und Frauen gegenseitig ohne Narkose am offenen Herzen. Was für eine Vorstellung. Vielleicht sind wir aber auch nur eifersüchtig aufeinander und bohren deshalb ständig in unseren Herzen und Eigenheiten herum? Weil wir uns die gegenseitige Faszination nicht erklären können und sie als Abhängigkeit empfinden? Ich bin sicher: An dem Tag, an dem Männer so wären, wie wir Frauen sie gerne hätten, an diesem Tag wäre jeder Spaß vorbei. Es wäre absolut Schluss mit lustig! Aber keine Sorge, es wird nicht passieren. Denn das würde voraussetzen, dass wir Frauen uns alle endlich einmal einig wären. Den Tag werden wir Gott sei Dank nie erleben.

P.S.: Noch immer skeptisch in Bezug auf Männer? Dann gönnen Sie sich doch eine entspannte Stunde und hören sich mal wieder folgende Klassiker an: *All you need is love, Lady Madonna* und *P.S. I love you* – von den Beatles. *Loveletters in the sand* und *April love* – von Pat Boone. *Blue moon, Angel Baby* und *Everybody loves somebody* – von Dean Martin. *Kiss me quick, Love me tender* und *Heartbreak Hotel* – von Elvis. *Skin to skin* und *Try to remember* – von Harry Belafonte. Und *When a man loves a woman* von Percy Sledge. Letzteres bitte zweimal. Denn all das ist es doch, wovon wir nie genug bekommen können. Oder?